境象与视像
现代视觉艺术设计散论

IMAGINATION & VISION
ON MODERN VISUAL ART DESIGN

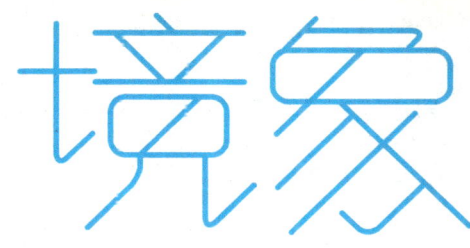

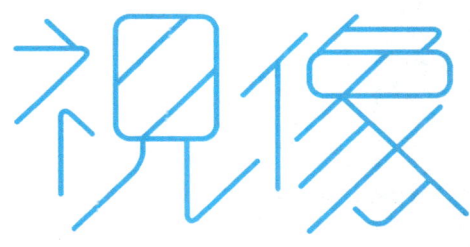

境象与视像
现代视觉艺术设计散论

IMAGINATION & VISION
ON MODERN VISUAL ART DESIGN

金帅华 著

河南大学出版社
HENAN UNIVERSITY PRESS

图书在版编目（ＣＩＰ）数据

境象与视像：现代视觉艺术设计散论／金帅华著．—郑州：河南大学出版社，2019.8
ISBN 978-7-5649-3870-3

Ⅰ.①境… Ⅱ.①金… Ⅲ.①视觉设计—研究 Ⅳ.① J062

中国版本图书馆 CIP 数据核字 (2019) 第 178720 号

责任编辑：杨风华
责任校对：范亚青
封面设计：金帅华

出版	河南大学出版社	
	地址 郑州市郑东新区商务外环中华大厦 2401 号	
	邮政编码：450046 电话：0371-86059701（营销部）	
	网址：www.hupress.com	
印刷	北京虎彩文化传播有限公司	
版次：2019 年 8 月第 1 版		印次：2019 年 8 月第 1 次印刷
开本：890mm×1240mm　1/32		印张：6
字数：158 千字		定价：48 元

（本书如有印装质量问题，请与河南大学出版社营销部联系调换）

目录 / CONTENTS

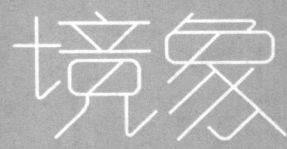

序 / I
PREFACE

第一章　人性化设计与现代品牌推广 / 01
THE EXPRESSION OF HUMANIZED DESIGN IN MODERN LOGO
- 设计与人性 / 03
- 标志设计与人性化 / 09
- 设计艺术思潮与标志人性化表现 / 22
- 人性化标志设计是社会进步的必然 / 29

第二章　情感化设计视阈下的字体感知 / 39
THE INFLUENCE OF EMOTIONAL DESIGN ON FONTS
- 情感化是字体吸引力的源泉 / 41
- 字体情感化的视觉层次 / 43

第三章　基于东方美学语境的汉字创意研究 / 49
RESEARCH ON HANZI CREATIVITY BASED ON ORIENTAL AESTHETIC CONTEXT
- 中国美学的基本精神特质 / 51
- 汉字创意中的东方美学精神 / 52

第四章 书籍中由内及外的设计思维 / 65
THE DESIGN THINKING FROM INSIDE-OUT IN BOOK
- 书籍设计的整体观 / 67
- 可视化的书籍结构 / 69
- 由内及外的工艺材料形式 / 73

第五章 字体结构、笔形、细节 / 77
THE FONT DESIGN OF STRUCTURE, SHAPE AND DETAILS
- 字体设计中的骨骼 / 79
- 字体设计中情感丰富的"肉" / 82
- 字体设计中的"血气" / 84

第六章 汉字符号为媒介的文创产品特质 / 89
THE CHARACTERISTICS OF CULTURAL AND CREATIVE PRODUCTS BASED ON HANZI
- 汉字文创产品的实质 / 91
- 汉字图形符号的双重性因素 / 91
- 汉字符号文创产品的创意元素 / 93
- 汉字符号文创产品的设计定位 / 96

第七章 从拉丁字母演变看中外字体的共生关系 / 99
THE RELATIONSHIP OF CHINESE AND LATIN FONT FROM THE EVOLUTION OF LATIN ALPHABET
- 从拉丁字母的基本分类分析其差异 / 101
- 拉丁字母间距的变化和阅读的关系 / 103
- 中文与拉丁文的正确搭配 / 105
- 词间距与行间距的协调 / 107
- 中文与拉丁文的段落排版的异同 / 109
- 拉丁文字体对汉字字体创意设计的影响 / 111

第八章 互联网生态下的包装设计趋势 / 115
TRENDS IN PACKAGING DESIGN WITH THE INTERNET LIFE
- 互联网生态下的消费特点 / 117
- 互联网生态下包装设计的变化 / 119
- 互联网生态下包装设计的发展 / 123

第九章 版式设计中的等级法则 / 127
THE RULE OF RANK WITH LAYOUT DESIGN
- 何谓版式设计等级法则 / 129
- 版式设计等级法则的表现形式 / 130

第十章 空间信息的传播因素——视觉导视 / 135
VISUAL ELEMENTS IN THE DESIGN OF SIGN SYSTEM
- 采光和路线对视觉设计合理性的影响 / 137
- 视觉表现的人性化 / 139
- 延伸图形对个性化设计的影响 / 142
- 色彩与材料的选择 / 144

第十一章 演示文稿中的视觉要素 / 147
THE VISUAL ELEMENTS IN PRESENTATION DESIGN
- 演示文稿的视觉逻辑架构 / 149
- 正确的字体选择 / 150
- 利用框架设定合理版式 / 151
- 色彩搭配的合理性 / 152
- 信息图表的合理使用 / 153
- 生动有趣的创意图片 / 154
- 动态效果的合理分布 / 155

第十二章 5G 前景下的移动端字体应用 / 159
APPLICATION TREND OF SCREEN DISPLAY FONT DESIGN IN 5G FOREGROUND
- 信息媒介决定显屏字体设计风格 / 161
- 显屏字体应用的动态化表现 / 164
- 高技术对移动端字体未来设计应用的影响 / 166

后记 / 171
EPILOGUE

参考文献 / 173
图片索引 / 177

序 / PREFACE

你所做的必是所爱的

金帅华

　　从聆听大学的第一门课程开始，冥冥中我的内心告诉我："这将是我一生的追求！"从那一刻开始，读书、工作、熬夜，每一份付出都是为了心中对专业理想的执着。岁月的光阴，没有磨灭激情和心智，没有放弃和退缩，只有对实践缺陷的遗憾，对理念未能达成的困惑。这就是爱吧，或者是一种偏执。路总在脚下，信念永远是动力的源泉。

　　从北京到广东纵向三千多公里，跨越了中国地理南北的分界线，也跨越了政治中心和改革开放前沿地域的文化差异。时间的维度和空间的维度相互作用，设计理论和设计实践相互交织，共生共存。与纯艺术更多个性、风格、观念的表达不同，设计的理性因素更多，条件与参数直接影响最终的结果。有设计师说："设计是戴着锁链的舞蹈。"我认为设计是解决问题的手段，而不是目的。在这个解决问题的过程中，情感与思维是必须同时具备的二元因素，兼而有之，不可偏颇。我将这本书分成两个部分也是为了表达这个含义。

"境象"是从设计历史和美学的角度去诠释图形、文字背后的精神世界与符号的关系。"视像"描述具象环境下,设计结果的成因和设计方法。"境"是情境、意境,是思维层面的,是不可见的;"视"是可观察的,是思维的可视化表现。二者合在一起,构建一个框架,这个框架将设计整合成一个思考的过程。

在视觉设计领域里,我更加偏爱字体设计。全书更多地列举了文字设计的案例。文字的双重属性更能体现出设计的智慧与情感。同时,也可以在极小的平面或是极大的空间展示其丰富的变化,拓展的领域包括二维、三维,也包括静态和动态。借助这个视点,观察视觉设计的变量与趋势是一个很有趣的视角。写这本书的另一个动机,来自一次聊天。几位设计师关于心性的探讨,佛家在《心经》中讲"起心动念",这是一个很值得体味的哲学概念。特别是这个"动"字,心动则万物随动。有了"动"念就有了追求,有了坚持,有了因果。"动"还是行动,一切行为源于内心的动机。希望和我一样对视觉设计有追求的朋友一起共勉。

2019 年 4 月 2 日,广东珠海

"夫境象不一，虚实难明。有可睹而不可取，景也；可闻而不可见，风也；虽系乎我形，而妙用无体，心也；义贯众象而无定质，色也。"

《文镜秘府论·南卷·论文意》

"良以冥本幽绝,非物象之所举;运通理妙,岂粗迹之能酬?"

《弘明集·答恒》

第一章 / 人性化设计与现代品牌推广

THE EXPRESSION OF HUMANIZED DESIGN IN MODERN LOGO

人性化 / 多元化 / 个性化

HUMANISM / MULT-CULTURE / INDIVIDUALITY

人性化设计体现的是标志设计发展过程中设计师对社会、受众的关注。设计仅仅提供使用功能是远远不够的，还应体现出对人文精神的关怀，让人们感受到人与人之间的温暖。人类社会呈现出多元化，个性化的发展，使人性化成为标志设计发展的一种趋势，也是人们崇尚以人为本的根本体现。标志设计中呈现出更为自由、更为人性、更具情感性的意境，在表现上可简单可烦琐、可传统可前卫、可具象可抽象，有一点必定是相通的，它们的设计源泉和灵感均来自设计师与受众共同的社会文化根源。人性化正在为设计师、普通群众所接受和理解，这种设计理念是时代和社会文化发展的趋势。

设计与人性

设计的本质

一、后工业时代的设计

从18世纪末到19世纪欧洲工业革命完成,出现了附属于工业社会的新生事物——现代设计,其特征为工业式的机械化、批量化生产。现代设计大致经历了三个阶段:

(一)前期:1850—1920,以英国伦敦国际博览会为起始,是设计的发展孕育阶段;

(二)中期:1920—1980,以德意志制造联盟和包豪斯设计学院成立为起点,是现代设计成长和确立的时代;

(三)现阶段:1980年后以计算机信息技术为划分标志,是设计的成熟期、稳定期。

20世纪后的现代设计,经历了重功能、重实用的理性主义设计,这个时期正是国际主义风格流行的时代。跨国公司的出现,大量资本在国际市场快速流通,全球一体化进程加速,各式各样的工业产品进入世界各地。现代设计在给人类生活带来方便的同时,也给地球和人类造成了无法挽回的灾难:环境污染、交通堵塞、生态失衡等。国际化把世界各地的大都市都变成了钢筋混凝土的世界,人们开始对现代设计整体反思。现代主义设计风格开始逐渐被后现代主义设计风格取代。后现代主义主张反传统、重视开拓创新精神,具有强烈的回归人性、回归自然的倾向。设计开始重视人性化、多元化、自由化、个性化,追求品位和独特的审美。

二、后工业时代的社会的特点

二次世界大战后,西方社会进入快速发展的阶段。科学技术的迅猛发展,人类进入外太空的实现,计算机微电子技术的出现,使物质产品的生产和种类得到了极大的丰富,人们开始更多地关注生活品质和生活质量。20世纪90年代以后社会多元化进程加快,收入和教育水平的差异使社会阶层越来越明显,并逐渐形成了属于各自阶层的审美趋向和审美价值。同时,社会包容性也在迅速扩大,各种观点、各种理念不断涌现,并被不同人群所接纳。现代社会的人性化趋势和特征越来越突出。当今社会的人们渴望在生活中表现自己,张扬个性,对自由平等的向往和相互尊重构成了多元化的社会意识,创造了不同的生活态度和生活方式,其结果是多种文化在同一时期并行存在。网络时代的到来使个人有了更大、更多的表现空间,并开始渗透到社会的各个角落。

三、设计是为人服务的

设计作为社会经济、文化的体现,必然将社会形态表现出来。设计的这种变化根本是社会经济和文化的变化,体现了社会的整体发展水平。设计是要为人服务的,人们对设计的要求不仅是满足生理的需求,而且要满足心理的需要。现代社会激烈的竞争、繁重的工作让生活在都市中的人们身心都感到疲惫,人们开始寻求一种心灵的归属,寻找精神层面的心理安慰。人性化设计正是迎合了这么一种生理、心理需求。设计不仅要实用,而且要适用,不仅要适用,而且要在设计中赋予更多审美的、情感的、文化的、精神的含义。正如美国设计家普罗斯所说,"人们总以为设计有三维:美学、技术和经济,然而更重要的是第四维:人性"。那种冷漠的功能主义,抽象的几何造型无法唤起人们内心回归自然的愿望,返璞归真已成为一种社会潮流。设计与人的互动成为一种趋势，人性化就是这种趋势的显著特征。人性化设计更具人文关怀，追求亲和力，把情感、个性、环保融入其中，符合社会时代发展的需要。

设计的人性化

一、设计的目的

　　什么是设计的最终目的？从人类开始造物以来，人们就对器物设计不断扩张和深化。综观人类在不同时期的设计产品，无不体现了人们在该时期的审美意识、道德伦理、精神情感等因素，此为物的"人化"。作为设计产品必然承担人的精神需求和功能需求。因此设计反映的是人，根本目的就是为了人，即"以人为本"。 显然设计必须是以人为中心和尺度，满足人的物质与精神需要，使人充分享受使用的趣味和快感，使人性得以充分的释放和满足。从而让人的心理更加健康、情感更加丰富、人性更加完善，达到人与物的和谐，为人创造出一个合理、完美的生存方式和生活环境。设计的目的既然是为人，其核心必然是"人性化"。

二、设计人性化的实质

　　设计的目的在于满足人自身的生理和心理需要。需要成为设计的原动力。需要的产生和满足，不断推动设计向前发展，影响和制约设计的内容和方式。美国行为科学家马斯洛提出的需要层次论，揭示了"设计人性化"的实质。马斯洛将人类需要从低到高分成五个层次即生理需要、安全需要、社会需要、尊敬需要和自我实现需要。马斯洛认为上述需要的五个层次是逐级上升的，当下级的需要获得相对满足后，上一级需要才会产生，再要求得到满足。人类设计由简单实用到除实用之外蕴含有各种精神文化因素的人性化走向正是这种需要层次逐级上升的反映。作为人类生产方式的主要载体——设计产品，它在满足人类高级的精神需要，协调、平衡情感方面的作用却是毋庸置疑的。因而人性化因素的注入，绝不是设计师的"心血来潮"，而是人类需要的自身特点对设计的内在要求。在社会经济水平到达一定程度时，人们对设计产品的挑剔也就不足为奇了。例如，20世纪80年代以德国西柏林为中心的设计家组成的"新德国设计"流派就公开强调设计的生动化、人性化的特点。其精神领袖克里斯提安·邦格拉博对沉闷的、冷漠的、理性的德国设计发起强烈攻击，反映了对极端理性主义设计的厌恶情绪。过于刻板、冷峻、理性的千篇一律的设计面孔，其发展结果必然是选择变化、突破—由理性化走向感性化，由非人性化走向人性化。

三、人性化设计在视觉传达设计中的表现

平面设计作为连接艺术与市场的桥梁自然也不例外。从使用环境上看，它所使用的范围相当广泛。包装设计、书籍设计、招贴设计、标志设计、网页设计等作为平面设计的重要组成部分，也将人性化列为设计原则之一。简单地说平面设计已经改变了过去对功能的单一满足而上升为对人的精神层面的关怀，在设计中赋予更多情感的、文化的、人文的内涵。

（一）包装设计

人性化包装设计理念包含了重视人和尊重人的思想，强调把尊重人作为包装设计的基础。包装设计中材料的运用也不例外，例如，星巴克盛咖啡的纸杯，由于是热咖啡，为了防止烫手，另外配有一个瓦楞纸的护套，上面还印有一排文字，提醒你注意别烫痛你的手。由于瓦楞纸的结构有空隙，它可以隔热，避免了烫手；并且结构很简单，一片展开图是扇形的瓦楞纸，两边

开一个开口，圈起来一插即可。著名画家黄永玉设计的酒鬼酒包装极富个性，虽是随手用泥巴捏个大样，再剪下块麻布包住泥样，颈部用麻绳一扎，手下神来，加上黄永玉先生题写的"酒鬼"牌名，给包装注入了情感的活力，使产品的整体形象格外平易近人，人情味极浓。由此，酒鬼酒取得了巨大的成功。包装设计倡导人性化设计思想，满足消费者对产品包装追求方便、灵巧、舒适等要求。最近在包装设计中兴起的绿色包装概念也是包装人性化的具体反映。包装材料的污染和放射性指数是否符合安全规定？印刷的油墨是否是对产品、对人体无害的专用油墨？会不会有效避免交叉污染？包装取材是否以浪费大量天然资源为代价，能否尽可能地减少使用不可降解材料？等等，这些都是在人性化包装设计中需要关注的重要内容。

（二）书籍设计

日本著名书籍装帧设计大师杉浦康平先生提出书有"五感"：味觉、触觉、听觉、视觉、嗅觉。从这"五感"当中我们能充分体会到设计师应具有的人文关怀精神，读者被放到了设计师所要考虑的首要位置。通过触摸纸张时的手感，聆听纸张翻动时发出的声音，印刷油墨散发出的淡淡气息，精彩编排和印刷工艺所带来的视觉享受，这些都使书变得充满了情感，更加接近读者。杉浦先生设计《全宇宙志》图书时，在书的切口处将两张银河系的图片巧妙地按书籍的页数分割后置于边缘，这样在翻动书的同时我们又可以惊喜地看到了两个宇宙，从而将宇宙的那种广阔浩渺淋漓尽致地表现出来，一本书也就从二维的平面一跃成为立体的 360 度。读者在阅读这本书的时候无意间增加了许多情趣，使传统意义上的阅读变成了一段开心的阅读体验和心理旅程。我们可以看出设计师在设计书籍时对作者和读者同时的把握，是通过装帧设计帮助读者和作者更好、更方便地沟通起来。今天，特种纸张的广泛应用虽然和市场竞争有一定关系，增加了一些书籍成本，但是，在对人的情感满足和人文关怀上的作用是毋庸置疑的，也是人们精神需求的必然体现。

（三）招贴设计

人性化在招贴设计领域中主要集中表现在招贴设计的创意方面。目前，从招贴运用来讲，主要是艺术类招贴、公益类招贴和商品类招贴。艺术类招贴逐步演变成设计师对设计语言的一种探索和设计师本人一种艺术个性的抒发，实用性则越来越淡化。公益类招贴从使用上看，改变了以往口号式、说教式、灌输式的宣讲，尽可能地平易近人，拉近与受众的距离。如法国这则吸烟有害的广告：一个鲜红的嘴唇由于长期吸烟留下了被烫伤的疤痕，虽有些夸张表现但恰到好处。它的警示作用远远大于我们通常所见到的多少人死于吸烟、吸烟等于自杀，等等口号类的宣传。首先，对个体的尊重是这类招贴创意的前提。吸烟的人和不吸烟的人是平等的，这种态度是充满人性的并更易被接受的。商品类招贴体现在对表现上的大胆突破。如阿迪达斯的广告招贴将平面扩展为立体，运动项目和纸张不同的肌理有机地结合在一起，一语双关，不再局限于传统的二维空间，给人以极大的想象空间和欣赏愉悦。招贴设计中的人性化虽不及其他平面设计那样明显具体，但是，人性化思想孕育在其中，并贯穿于招贴设计整个过程。创意是招贴的灵魂，创意本身就是人们大脑思维的产物，实质上是对人们内心世界的细微观察。

由以上平面设计的种种可以看出，人性化设计已经潜移默化地被运用到视觉传达的诸多方面，有些表现比较具象，有些深藏于设计的过程中。无论是具体的还是抽象的，人性化都已经成为平面设计中的一条重要法则。

标志设计与人性化

标志表现时代

一、不同时期的标志特点

　　纵观现代标志发展的历史，从工业时代到信息时代，标志设计中的人性化元素伴随着社会的发展不断增强。在工业时代，科学技术的飞速发展诞生了诸如飞机、汽车、火车和各种各样的家用电器；人们陶醉于科学发明所带来的各种便利，对自然科学的崇拜和迷恋，使得理性主义成为社会的主流。人们欣赏具有工业感的几何造型，艺术批评家奥赛提出的"将一切变成几何图形和方形"，是当时人们审美的真实写照。最为人们所熟知的德国戴姆勒·奔驰公司的奔驰汽车标志就是这一思想的产物。从汽车方向盘和车轮归纳而来的标志简洁形象。由三个菱形组成的日本三菱公司的标志，可以说是几何形标志的代表。工业社会中期，跨国公司的迅速增加导致商品的国际化倾向越来越明显，西方主导的文化占据了世界的主要媒体，字母类标志不断涌现。如美国的国际商用机器公司、日本的索尼等。虽然这些标志的形式感较强，但是相对造型比较简单、共性多个性少。总的来说，它们都被明显地打上了理性主义的烙印，虽然也采用了一些装饰性的手法，但影响并不是很大，人性化表现也不突出，我们更多看到的是公司实力和行业特点。换而言之，与消费者的互动性不强，情感交流少，消费者处于一种被动的弱势地位。工业化进程和现代设计给人类生活带来方便的同时，也给地球和人类造成了许多灾难性的破坏。国际主义风格把世界变得千篇一律。人们企图摆脱日益技术化和商品化的社会发展对人类个性的束缚，渴望在符号淹没的世界中追求对人性更大的自由和解放，最大限度地自我表现和自我满足。

信息时代，计算机的出现改变了人们的生活方式，交通的迅捷，数据、物资的高速流通使得人们可以迅速地掌握大量信息，更加深了人们对工业社会种种弊端的厌恶，个性化、多元化的追求越来越强烈。受此影响，标志设计也反映出更多的多元化、个性化、自由化。如著名体育品牌耐克的标志，一个红色的对号，模糊了以往标志所具有的行业特征、读音辨识等功能，强调"你的选择是正确的"这种个性张扬的理念。在全新的 VI 规定中，率先打破标准色的固有概念，规定可以使用除渐变外的任何实色，大大扩展了标志使用的空间。又如，中国联通的标志具有鲜明的中国地域特色。这些都是新的社会背景下的时代产物，是新的审美需求和审美取向。

相对于国外，中国真正意义上的现代标志设计兴起于 20 世纪 90 年代初。以广东为代表的一些民营企业率先导入了 CI 设计理念，实现了现代标志设计在中国的起步，如著名的太阳神、海王、康佳、美的等品牌标志。由于 CI 设计理念主要来自日本、中国台湾地区，设计风格也深受其影响。标志设计中的国际主义风格特征明显，改变了过去中国品牌复杂的造型形式，更加注重功能性、实用性、扩展性的开发，在当时推动了中国标志设计的发展。以太阳神为例，金字塔与太阳的造型简洁有力，黑、红两色的响亮对比又使标志显得异常醒目。等级渐变的辅助图形使标志在影视广告、户外广告、产品包装上都很好地延续了视觉的统一性和整体感。笔者受当时设计思潮的影响，在标志设计中也尽可能地使用现代的图形语言、单纯而强烈的色彩。

进入新世纪后，随着网络新媒体的出现，人们的审美取向发生了变化，高度理性的功能性设计使人们日趋厌烦。国内的标志设计也随之发生了巨大的改变，城市房地产行业的发展促生了一大批带有明显个性化、情感化标志的出现，并波及其他行业。这种设计变化也影响了标志设计上的风格改变。

二、奥运标志的历史发展和艺术特征

如果说上述标志由于不同行业而缺乏连贯性的话，那么奥运会标志百年的发展历程则可以更加清晰地反映出这一历史变化的过程。奥运会标志的形成与发展与西方设计艺术的发展是一脉相承的。

我们大致可以把它分成四个历史阶段。

（一）1896—1920（形成初期）

这一时期奥运会标志没有形成自己的体系，没有真正意义上的标志，其标志主要是海报或插图。从功能上讲主要是为满足奥运会初期的需要，传播奥运会的思想——奥林匹克精神。在风格上既有古典主义风格，又有现代主义风格。奥运会标志往往以奥运会宣传画为依据，表现手法秉承了传统绘画风格。

（二）1924—1960（发展期）

伴随着奥林匹克运动的发展，奥林匹克思想、组织体系、活动模式逐渐确立起来。五环标志、奥运会会徽使奥运会视觉形象正式形成。它将奥林匹克抽象的含义转变成可视的形象，有利于人们对奥林匹克运动的认识和积极参与。这一时期，奥运会标志基本形成，五环标忈成为历届奥运会必有的构成元素。设计风格开始出现装饰主义、未来主义，国际主义风格隐约可见，字体也开始尝试进行设计。这一阶段奥运会标志已具备现代奥运会标志所要求的所有元素，并作为一种模式开始向公众宣传。

例如，1956年墨尔本奥运会就带有明显的大众化艺术特征。其主体是象征体育精神的火炬和运动场，代表澳大利亚的绿色和地图；两侧有象征着胜利的月桂枝。奥运会五环标志处于视觉的中心，"1956""墨尔本"的字样都在标志中清晰体现，这些也都是构成现代标志的基本元素。这一时期的标志我们已能明显感受到对举办地和奥林匹克精神的情感追求，也可以视为人性化在标志设计中出现萌芽。

(三) 1964—1988 (成熟期)

这个时期的奥林匹克视觉形象正式引入了视觉系统的概念，形成了基本要素和应用要素统一的视觉形象，具有明确的设计主题和目的。现代主义风格成为主要表现的艺术风格。图形、文字、色彩的系统设计及应用标准的确立，加强了奥运会视觉形象的传达和识别功能。这种视觉统一是现代主义普遍意义和共性原则的反映。在艺术风格上，大量使用几何图形，并受到构成主义的强烈影响；简洁的造型和明快的色彩，科学化的应用系统，使得奥运会的视觉形象整体感得到空前加强。本阶段的标志设计正是反映了战后西方经济高速发展的社会现实和大众生活。理性主义、功能性设计是其主要艺术特点，人性化特征并不突出，但我们感受到奥运标志开始逐步强调本地特色和地区文化，这种多元化趋势的发展是人性化的主要因素之一。

如1984年美国洛杉矶奥运会。标志采用美国星条旗为设计符号，通过现代构成的艺术手法将美国国旗的概念透过几个不同的星星表达出来，形成视觉光效应，强化冲击力；标准色为美国国旗的红色和蓝色，带有鲜明美国特征并具有强烈的视觉动感。这种设计受到1964年日本东京后几届奥运会的影响，同时将美国本土的现代企业视觉形象系统整合，引入成熟的商业化模式和市场机制，形成了强有力的市场宣传，使奥运会摆脱了经济上的危机，成功地走上了市场化道路并能够更好地发展。

(四) 1988—现在 (稳定期)

1984年国际奥委会通过对奥林匹克形象的效益开发，逐步建立起奥运营销模式，奥林匹克视觉形象也由标志转变为奥运营销品牌。奥运会形象的成熟代表了社会和经济的双重价值。在艺术风格上，随着艺术与设计多元化发展倾向越来越明显，电脑在设计中的广泛应用，后现代主义、人文主义和装饰主义的回归，奥运会标志的艺术性得到加强，各种艺术风格兼容并蓄，综合性是其主要特点。

例如，1992年巴塞罗那奥运会标志。米罗挥洒自如的笔触、较为开放的结构、活泼的造型犹如儿童不经意间的涂抹，一下拉近了受众与奥运会之间的距离。浓郁的人情味使人更容易联想起运动员鲜明的个性和重在参与的体育精神，弱化了竞技体育比赛的残酷性，是人性化在标志设计表现开始的代表之一。

又如，2000年悉尼奥运会的标志名为"新世纪运动员"，是由三支土著人狩猎用的回力标组成的一个奔跑的运动员形象。其中悉尼歌剧院的外形曲线被用来表示火炬；太阳、岩石和回力标的图形用来塑造运动员的头、手、腹部。文字是单色、简单的"Sydney 2000"字样，非常独特和容易辨认，好似在沙滩上随手写出一般。其标准色极具象征意义：蓝色的海洋、黄色的太阳和沙滩以及红色的内陆土地，突出了澳大利亚本土文化的独特性，传达了乐观和欢乐的情感。浓郁的地域特点及文化底蕴使本届标志十分耐看，澳洲人将本土多民族文化交融的特点发挥得恰到好处。

另外，2012年英国伦敦奥运会标志采用了嘻哈文化的元素，这种街头的非主流的文化正式开始进入奥运会。这从另一方面反映了现代社会的多样性。会徽由分别代表"2012"这四个阿拉伯数字的几何图形组成，其中在左上角代表"2"的几何图形上标有"伦敦"字样，在右上角代表"0"的几何图形上标有"奥运五环"标记，它象征着活力、现代与灵活，反映了一个崭新的、丰富多彩的世界，在这个世界上，人们特别是年轻人不再处于静止状态，而是用新技术和新媒体网络武装起来工作。标志的实质是激励全世界的年轻人参加体育运动，体现奥运价值。色彩首次采用粉、蓝、绿、橙四种颜色为标准色，体现英国的多样化和好客精神。

如今奥运标志设计手段之丰富，采用风格样式之多，个性化、情感化之强烈，既有浓郁的艺术风格表现、鲜明的民族特色，又有流行的时尚文化，为我们呈现出了一个丰富多彩的世界。而这种多元化、个性化、艺术化的表现正反映了人性化设计的本质。

回顾历届奥运会标志的设计发展历程，我们可以清楚地看到奥运会标志设计始终是追随着时代的步伐前进。这些优秀的设计作品，既有各种艺术设计理念的特征，又使用了符合时代特点的表现手法。奥运会标志的设计师将自身的经验和成熟的设计风格运用到设计当中，同时，设计师把握时代最新趋势，并引领时代潮流。大众审美情趣的变化和社会的发展给奥运会标志打上了鲜明的时代烙印。

标志人性化发展的外部因素

一、市场的细分化带动标志的人性化

（一）市场细分化的原因

近年来，企业关注的重点由提高内部效率转向尊重外部客户。通过与客户的关系实现企业与客户的有效沟通、了解，进而满足客户的需求，为客户提供满意的产品或服务，并与之建立稳定、相互信任的关系，提高企业在市场上的占有率。今天，任何一个企业都无法满足整体市场的全部要求，往往是在市场细分化的基础上，有选择地满足部分市场需求。

首先，客户是企业发展的重要资源之一，市场是企业发展的动力。客户需求构成了市场需求。在人类社会从"产品"引领时代转变为"客户"引领时代的今天，客户的选择决定着企业的命运。企业和客户的关系不仅包括销售的过程，还包括给客户提供的关怀。关怀客户本身具有服务性特征，贯穿了市场营销的所有环节。企业通过对客户需求的敏锐反应，实现对客户个性化需求的快速响应。

其次，资源的有限性决定着任何企业都不可能独自占有市场。企业必须将客户细分和制定开发目标市场的营销策略。企业根据地理因素、人口因素、心理因素和行为因素，结合自身特点和资源优势选择特定的群体作为企业目标市场。

最后，社会物质商品的极大丰富和信息技术的发展，使客户能够通过各种信息来挑选商品，这一切都将刺激客户需求往个性化方向发展。企业根据客户的需求偏好制造产品，将客户个性化的需求和大范围乃至全球范围相同的个性化需求整合，以此形成满足个性化需求的细分化市场，使企业赢得长期利润。

（二）市场细分化与设计的关系

在20世纪50年代期间，"优良设计是良好的买卖"逐渐成为视觉传达设计的普遍共识。一些大的工业和商业企业意识到在社会大众中，需要建立一种良好的具有独特识别个性的商品形象。营销时代的到来，使视觉识别和商标品牌的价值和重要性不断增加，标志作为VI的核心部分要符合企业形象的传播策略，并要伴随着企业的成长和进步而调整。从市场角度来看，今天的市场随着法规的不断完善，消费者维权意识的增强，国际化竞争的愈演愈烈，品牌本身面对的挑战是空前的。一个不能与社会同步发展的企业是无法继续生存下去的。激烈的竞争迫使企业加强与消费者的沟通，通过树立个性化品牌在同行业中脱颖而出。这就需要企业的形象更具亲和力，更能让消费者感到温暖，更富有人情味。因此，企业创建新的品牌就必须根据市场和社会趋势更加人性化。从认知的角度来看，由于商品的精细化分工，产品往往针对的是特定的消费人群，而不是过去的大而全。例如，奶粉就分幼儿、成人、老年人三种类型，香烟、酒类就有男士和女士两种类型。消费者总是青睐那些更加关心自己、更加专业化的产品。全球市场的销售模式也要求品牌能够在世界各地引起人们的共鸣，而能引起共鸣的恰恰是那些建立在人类普遍情感上的人性化因素，如博爱、环保、健康、尊重生命等等。另外，消费心理的变化也促使了品牌人性化的个性化。在和平时代长大的一代，处于物质文化极大丰富的时期，有着广泛的叛逆心理和热衷于自我的表现心态，并通过选择有个性的产品来显示自己的与众不同。在这一过程中，消费者个人心理的满足是通过商品的个性化来实现的。因此，我们可以看到人性化原则也是传播策略的重要手段。

（三）市场因素和标志设计

我们以著名的网络聊天工具生产商腾讯公司知名品牌 QQ 为例。1998年伴随着互联网的快速发展，深圳腾讯公司开发了一款专门针对中国市场的即时通信软件，并迅速在市场上取得骄人业绩。用户可以使用该软件进行即时聊天、通话、视频等。其标志使用的 QQ 企鹅形象已成为中国互联网的象征。一只可爱的小企鹅充满了儿童的天真、质朴，脖子上红色的围巾洋溢着浓浓的温情，任何见到它的人都会发出会心的一笑。我们很难用过去附加在品牌上的抽象理念和过于哲学化的精神强加于它，设计师只是为了让它充满趣味性，看起来很好玩。这种看上去简单的设计理念恰恰是对互联网市场准确而细致地判断。互联网聊天的群体往往是希望在虚拟的世界寻找一份心灵的乐趣、精神的放松，可爱企鹅的卡通形象迎合了这种心理需求。另外，从品牌的使用环境上看，主要是基于互联网的网络媒体，并通过电脑显示器或其他视频形式出现，相对于传统平面设计中的印刷媒体使用量则要少得多。就艺术表现上看，顽皮的、眨眼的小企鹅憨态可掬，个性鲜明，微笑的背后不乏反叛。这种对客户体贴入微的设计，从客户出发的设计观充满了人性化关怀，最终帮助企业赢得了市场。

再看中国银行业的标志，自靳埭强先生设计中国银行标志、陈汉民先生设计的中国工商银行、中国农业银行等中国国有银行标志后，无一例外地采用了中国传统的钱币造型。客观上，部分优秀的标志作品在对中国传统文化和现代设计的融合上起到了良好的示范作用。但是，我们也发现随之而来的中国众多银行标志几乎都离不开圆形方孔这样的概念。在这种僵化的思维模式下，标志丧失了自身个性，个性的丧失又使标志最基本的识别性大大下降，变成了千人一面，这与品牌推广的初衷完全背道而驰。2002年，韩家英先生为杭州商业银行设计的全新标志跳出了传统模式，在创意、表现手法上更加灵动、鲜活，更具有视觉冲击力与亲和力；突出了创新、卓越的理念。标志从人性化的角度，将人与自然的协调关系做出生态、环保的表现形式，让杭州商业银行形象更人性化，更具活力。设计思路与银行形象可以拆分为四个面：钻石造型彰显品质，体现诚信如金，传达了"矢志办成精品银行"的愿望；发散式设计展现了向上突破、求新求变的积极进取意识、无穷的发展潜力和蓬勃的生命力，流露出大气优雅的国际化意味；生态化元素花、鸟、草融合、舒展在标志中，表现出"绿色杭州"的环保概念，既富有浓郁的地域特色和人文气息，又与杭州商业银行的"地方银行""市民银行""中小企业主办银行"定位契合；蓝绿渐变色调视觉感受宽广深邃、清新鲜活，蕴含无限生机和追求卓越的理念。站在客户的立场上，选择什么样的银行为自己服务往往取决于银行的知名度和信任度，而银行为使自己从众多竞争性产品和服务中脱颖而出，就必须以鲜明的个性特征深深根植于客户心目中，给有形的服务添加无形的价值。类似的还有上海银行和深圳商业银行的标志，也都突破了"孔方兄"的模式，树立了良好的企业个性。上海银行的标志将上海"母亲河"的黄浦江、江对岸生机勃勃的跨世纪的金融新区浦东陆家嘴和国际知名街区"外滩"的古老与未来的感受提炼与表现出来。菱形外形表达的是坚实稳健与生机活力兼具的双重性,中部象征黄浦江的蜿蜒曲线,留白将图形分隔为黄、蓝两部分;下部深蓝色块代表的是过去与历史——"外滩",而上部如金字塔般的黄色部分象征的是未来与辉煌——"浦东陆家嘴"。同时,黄色与蓝色的组合,是银行"金融业"属性与上海之"海纳百川"的象征色。更新形象后的上海银行完全摆脱了原来平庸落伍的印象,以独具个性、活力与生机的全新品牌形象得到了市民、政府及媒体一致的认同和赞誉。经过多年的稳健经营,上海银行已成为中国银行体系中最具生机与活力的商业银行之一,并于 2004 年获"上海市著名商标"称号。

二、技术的发展给标志人性化表现提供了空间

(一)平面设计与工艺发展

设计艺术自诞生以来,始终伴随着科学技术和制作工艺的发展而前进。从包豪斯开始,设计就被定位于一个比较牢固的科学基础上,而不仅仅是基于艺术家个人的、非科学化的、不可靠的感觉基础上,并开始采用现代材料,以批量生产为目的,具有现代主义特征的设计方式。这种教育倡导学生体验工业生产与设计的关联,开创了现代设计与工业生产的密切联系。由此可以看出,设计本身的发展一直受到工业技术发展的诸多限制。二战后,国际主义现代风格流行,除了美国自身强大的影响外,印刷技术、工业材料的发展也是客观原因。在视觉传达上追求工业化、标准化的一致性,必然要将那些影响批量化、标准化的因素削弱。因此,单纯强烈的色彩、简洁的造型一直是现代平面设计的代表。举一个简单的例子,如果我们想将 2008 年北京奥运会的核心图形任意地放大或者缩小,在十年前是非常困难的。尽管 20 世

纪 70 年代后，人们对这种标准化的生活开始感到厌倦，却不能在设计上真正有所改变。

　　20 世纪 80 年代，电脑的出现掀起了一场新的技术革命。平面设计首当其冲成为数码革命最主要的实验点。各种辅助类计算机软件的诞生，改变了设计的方式。数码革命使设计的形式与以往完全不同，使设计进入一个崭新的阶段。在掌握了数码技术后，设计师发现了一个广阔的新天地。电脑为我们制作复杂图形，更多重意味的形式成为现实，并经过数字化管理完成工业生产的标准化。电脑成本的下降，让更多的设计师甚至个人拥有了表达自身思想的工具。后现代主义所倡导的人性的、多元化的、情感主义的思想在设计领域快速实现。今天，插图漫画在平面设计中的广泛应用，手绘的重新崛起，事实上和电脑的帮助是分不开的。网络新媒体的出现扩展了设计的空间，使平面设计走向新的领域。人机界面、交互式的互动、动画数字影像这些新的视觉表现形式使平面设计由二维走向多维，静态走向动态，平面设计出现了超平面设计的现象。

　　（二）技术发展与标志人性化

　　科学技术的发展给标志人性化表现提供了空间。首先，我们来看技术对标志设计的影响：国际主义设计风格强调功能的影响导致标志的几何化—标志基于几种几何图形，如方、圆、多边形或最终可以归纳成某一几何结构。这固然有设计观念的影响，但不可否认也有技术的制约。印刷技术的落后、传播手段的单一，限制了设计师个性的发挥。20 世纪 90 年代以前我们很少看到渐变、不规则的图形、多重色彩等元素在标志设计中运用。信息技术和数字化印刷技术的发展，不仅方便了设计师的设计工作，更提供了一种新的表现手段。例如美国 DENNIS MURPHY 摄影工作室用色彩普查表的形式设计标志，既有神秘感又有亲切感。如此众多的色彩在明度、纯度上的差异，留给人的视觉印象却是清晰的和深刻的。美国 ADAMS 户外广告公司的标志更是大胆地将像素图片直接运用到标志中，这在以前的标志设计中是根本无法想象的。这些表现手法更为自由、更富人性、更具情感的标志，跳出了条条框框的约束，强调受众的参与、想象、互通，引导受众通过自身感触，刺激受众的情感。又如 2000 年德国汉诺威世界博览会的标志。整个标志如同拥有生命的活体熠熠生辉，每一个看到的人都会觉得它在不停地舞动。新鲜的刺激、欢快的情感、别具一格的风格让人过目难忘。索尼、爱立信合并后创立的索爱标志，由半透明的结晶体和镂空的金属构成的造型，充满了数字感和时代感。以上两个标志复杂的结构、细腻的渲染都只有在今天才能够实现。虽然无法从图形上直接解读标志的含义，但我们依然可以感受到精神上的共鸣，这是一种意境上的交融。这种超越图形的，追求其内在精神的表现，正是人性化真实的反映。

（三）新媒体标志的人性化

自网络兴起以来，平面设计就脱离了工业时期的法则，逐渐打破了传统意义上我们对标志设计的理解。特别是依托于互联网、电脑等，企业标志不再仅仅停留在一个简洁的个体图形，平面化、二维化的独立图形已无法满足未来品牌竞争的市场需要以及多媒体大众传播的需要。多种形式、多种手段、多种形态的内涵，追求个性、注重视觉效果是新媒体标志发展的趋势。

新媒体标志的艺术特点有以下三个方面。

幽默的人性。

和以往传统企业标志不同的是新媒体标志从设计之初就打破了传统标志刻板的面孔，强调人性化的亲和力和幽默感。例如，狗狗搜索标志中那个漂亮的狗脑袋，新浪公司标志中巨大的眼睛，都使标志活泼有力，亦庄亦谐，幽默感十足。这种人性化的表现很容易树立起良好的企业形象。

丰富的艺术表现。

新媒体标志在表现上打破了以往点、线、面二维空间的视觉效果，立体的、写实的、质感的表现成为其主要表现形式。如微软公司的视窗操作软件标志，通过色彩渐变产生视觉立体感，阴影的添加产生漂浮感。整个标志在原有二维空间的基础上产生了强烈的三维效果。腾讯公司小企鹅身上细腻的色彩过渡也使它在表现形式上丰富了许多。著名平面设计软件公司旗下的三大主流设计软件 PHOTOSHOP、ILLUSTRATOR、CORELDRAW 的标志在质感上有不俗之处——一种水晶般的透明质感。在作为超平面设计的 UI 设计中，除软件自身的标志外，软件所属的项目图标也可被认为是标志设计的一种延伸，这些表现丰富了标志设计的内涵和艺术语言，融合了更多的感性因素。

人情味十足的动态变化。

和传统标志在相对一段时间保持静态相比，新媒体标志则处于一种动态的变化中。新媒体标志由于其技术特点往往不再是单一的图形，或采用单一的辅助色、辅助图形，而是根据需求在一个更宽阔、更立体的空间中变化。如谷歌公司的搜索引擎标志，随着不同的节日、纪念日，不同的国家、地域，不断地在网上出现不同的形象。如此频繁地针对用户改变标志、延伸形象是传统媒体不可想象的。这种动态的变化反映的是人性化的设计服务。

新媒体标志已不再是一个个体符号，在它周围是一个家庭成员式的组合。它以一个人性化的、多元化的形态展现在人们面前，既改变了标志传统设计模式，又延伸了标志的内涵和意义。这一新的形态必定会对品牌形象的建立、识别、传播起更大的作用和更积极的意义。

设计艺术思潮与标志人性化表现

一、民族文化给标志融入了人文情结

（一）民族文化差异造就设计多样性

几千年来各个民族由于不同的地理环境沉淀了不同的文化。不同民族、不同时代的消费品蕴含着的不同的审美情趣、审美理想、审美追求，表现出不同的民族性格、民族心理和对自我实现的不同追求。每个民族都需要属于自身的民族识别和民族认同，这是各民族表现在不同文化上的共同心理素质。民族认同表现为每个民族共同的民族心理素质，即在物质和精神的文化生活中，属于同一精神层面的心理价值，这种心理价值强烈而集中地体现在共同的风俗习惯和情感需求。全球化的发展导致了一种单一化倾向，人们之间的差异性在变小，国界也越来越模糊，科学技术的进步使形象同质化日趋明显。人们在这种符号的大海中迷失了自我，丧失了原有的精神归属感，不禁发出了一声"我是谁"的感叹。多样性的丧失让人们对旧有的设计模式感到厌烦。民族本身的差异性造就了丰富多彩的表现形式，西方文化的自由奔放、东方文化的含蓄内敛，都是不同民族文化对自然和世界的客观反映。民族差异源于不同的生活方式，民族习惯和民族心理建立在各民族独特生活方式上。在国际主义风格遭到异议后，设计开始强调个性化、民族性和文化内涵。有人提出民族的就是国际的，虽然有些绝对化，但也说明了丧失民族文化的国际化是没有生命力的。日本在吸收西方文化的基础上，将民族自身优秀的文化传统作为重要的文化符号运用在设计中，取得了巨大的成功。从人类社会发展的宏观方面看，多元化的发展始终是人类社会发展的基本形态之一。设计的目的和实质也说明设计必须为人服务,必须尊重人的情感。设计师在设计上具有先天的本土文化优势。注重本土文化的体现,是设计师与本国人民情感互通的基石。

(二)中国传统文化中人文表现

中国文化自古以来崇尚"天人合一""物我交融""以和为贵"的顾整体、求中和的人文主义思想,通过沟通、协调而达到和谐统一。中国传统图形与现代图案造型有许多不同的地方。首先,中国传统图形注重的是实形的完整性与装饰性,关注形与形之间的呼应、礼让和穿插的关系,在组构时多遵循求整、求对称均齐的骨骼。其次,中国传统图形"尚意"。从古至今,中国传统图形不仅具有美好的欣赏价值,更重要的是在于这些传统图形的背后,往往蕴藏了更多更深的吉祥意义。外在形态是内在意义借以表达的方式,这是中国传统文化重要的人文特点。如太极的循环往复、生生不息;四喜娃的相互借用,共荣共生;宝象花的幸福美满和财富等。最后,中国古老的汉字起源于象形图案,是属于中华民族特有的宝贵财富,有着鲜明的民族特色,也是表达中华民族特色的视觉符号。汉字是建立在图形基础上的,具备了图形的特征,从发音到形态再到意义是一个有机的整体。汉字的每个字都有其特定含义,能快速、准确地传递信息,是非常有效的民族设计元素之一。

(三)标志设计的民族化

在标志设计中融入传统文化并不是简单地绘制传统特色的图形,应力求抓住可以用于现代设计的文化精髓,融会贯通、海纳百川、和而不同;既不能过于沉溺于现实而没有文化,也不能过于追求文化而脱离实际。例如2008申奥标志的成功就是最好的例子。它将奥运五环、象形的中国结,与代表中国传统文化的太极拳相结合,使得标志如行云流水般生动;传达出自然、和谐的中华传统文化精髓。申奥标志的成功设计,充分展示了中华传统文化理念与现代标志设计紧密结合的艺术魅力。中国联通"盘长"标志的迂回往复的线条象征着现代通信网络，寓意信息社会中联通公司的通信事业井然有序而又迅达畅通，同时也象征事业无以穷尽，日久天长。试问哪一个中国人心中没有一个"中国结"呢？2006年联通公司在原标志的基础上又做出了进一步改进，将原有的科技蓝改为中国红，一方面标志着联通公司由一个基础电信运营商向服务商的转变，另一方面红色的中国结代表了对传统的回归，这种更贴近民族的改进使标志少了一些科技的冷漠，多了一些文化气息和亲和力。又如，宏骏平面设计工作室标志，以水墨和正方形为元素，简洁而富有张力，引起人的无限遐想。中国传统文化的水墨丹青自然而然地在方寸之间表现得淋漓尽致。值得一提的是，西方标志中的硬笔和刷笔没有提按的变化和技巧上属于豪爽奔放的外向型笔触。宏骏平面设计工作室标志将中国画干、湿、浓、淡的墨色运用其中，给人以清淡隐约的笔墨韵味，和西方的笔触完全不同。再如，凤凰卫视中文台的台标借用了原始社会彩陶上的凤鸟图形，并使用了中国传统图案特有的"喜相逢"形式，反映出一种厚实的文化底蕴。凤鸟两两相对旋转的翅膀极富动感，体现了现代媒体的特色。这些利用传统图案、传统文化元素进行的现代设计，表达了彼此交融的美好意愿，把握了"以人为本"的理念；回归本土、回归民族注重了文化的沟通、情感的交融。

二、新装饰主义运动和极繁主义反映出的人文色彩

（一）新装饰主义运动和极繁主义的复兴

现代主义设计风格具有形式简单，反装饰性，强调功能，高度理性化、系统化的特点。在设计形式上，国际主义受到米斯·凡德洛的"少则多"主

张的深刻影响，发展为形式上的减少主义原则，甚至可以藐视功能的要求，背叛了现代主义设计的基本原则，仅仅在形式上维持和夸大现代主义的某些特征。在平面设计上，瑞士国际主义平面设计，以简单明快的版面编排和无饰线字体为中心，形成高度功能化、非人性化、理性化的平面设计方式，并影响世界各国，将原来变化多端、多种多样的各国设计风格统一为单一风格。它以高度统一、理性化的特征和冷漠的面孔征服了全世界，在创造巨大的社会财富的同时，也受到自我意识不断增强的新一代消费者的批评、指责和发难。作为对过分理性化设计的反拨，人们开始对现代主义单调、无人情味的风格感到厌倦，开始追求更加富于人情的、装饰的、变化的、个人的、传统的表现形式。20 世纪末，普遍的怀旧情绪和在新的文化背景下产生的复杂情感替代了纯粹的功能性的审美需求，于是人们在现代主义的基础上大量利用历史装饰元素进行装饰性发展，主张以装饰手法来达到视觉上的丰富，提倡满足心理要求，开创了新装饰主义阶段。一系列强调装饰和人性化的设计便应运而生，它不断调起消费者的胃口，受到消费者的欢迎。在平面设计上，色彩绚丽、装饰华贵、材料奢华的表现手法引起广泛的注意。视觉符号则从古典到文艺复兴、从歌德到巴洛克无所不有。新装饰主义和国际主义平面设计相比是个性主义在设计上的复兴。

　　极繁主义风格几乎和国际主义现代风格同时产生。国际主义现代风格的迅速发展，一定程度上阻碍了极繁主义风格的发展。20 世纪 70 年代英国波普设计运动的兴起，推动了极繁主义设计的前进。波普设计（特别是英国）在设计上强调图案装饰，从波普绘画中提炼图案用于设计的表面装饰。同时，新艺术运动的装饰风格插画也是另一个重要的创作来源。除此之外，也借用了不少东方的特别是东方宗教的装饰动机作为参考，随之也带动了传统手工艺的复兴。但是，波普设计追求古怪、新颖、新奇的宗旨，缺乏社会文化的坚实基础，所以消失得非常迅速。国际主义风格那种以不变应万变的中立、中性特点，终究不能满足人们心灵情感的需求。

针对米斯·凡德洛垄断一切的"少则多"的设计原则，美国著名建筑设计师罗伯特·文丘里提出了"少则烦"。极繁主义迎合了人们的审美变化，在新技术和新的表现形式下发展了起来。在平面设计中大量装饰主义风格的电脑插画风靡一时，复杂的构图，丰富的内容，迷幻的色彩，卡通的元素使极繁主义风格充满了时尚气息。极繁主义不再是艳丽媚俗的装饰，而是对普通、廉价、简单的一种反叛，是建立在新的社会、文化、技术的发展体系上，是对国际主义风格垄断的批判。但是，它的主要设计思想是建立在现代主义设计思想核心的基础上的，而不是对国际主义风格简单地推翻和否定。

（二）标志设计中的"繁"

以新装饰主义运动和极繁主义为核心的艺术风格，都归属于后现代主义的范畴。这种艺术风格波及绘画、建筑设计、工业设计、平面设计各个艺术领域。平面设计深受影响，在标志设计中繁密之风再次盛起。标志图形摆脱了国际主义的简约风格，在形象的设计上加大了视觉感染力的深度，视觉形象内容也更广泛，在功能性的基础上着力加强艺术化的表现。其主要艺术表现形式如下。

复杂的组合结构。

和标志设计过去的削繁为简的图形结构相反，新装饰风格的标志图形向画面式的构图形式转变。标志在视觉上表现为构图格式的复杂，承担了大量图像内容的展现。如美国 STABLE 公司的标志，其主体是一幅具象的图形，内容很丰富，由一个挥动铁锤的工人来展示力量，并紧扣公司名称的主题。观众在阅读的过程中较之以往抽象的图形语言更易理解接受。另一种则是重复性的结构，同一基本符号不断地重复，多层次地排列，产生多样变化的节奏感，在构图上产生了丰富的序列。

内容组合的多样性。

新装饰风格的标志在题材上往往利用多种手段组合的方式，抛弃了以文字、图形为主的表现方法，将不同内容的形象、元素通过巧妙结合，形成一种复杂的形式。如 HOT ROD HELL 改装车商店的标志，几乎是纯粹的装饰图案，汽车和魔鬼都是按绘画方式处理的。这种具有强烈手绘风格的标志却设计于 1996 年，表明了精英文化和大众文化已经融合。应指出的是，它风格是怀旧的，手法追求的是手工艺时代的。再如，一些游戏的标志就采用更写实的手法，更加潮流化、年轻化的直观形象营造视觉冲击力。标志设计的"繁"还体现在运用更多的表现手法，如柔软虚化的边缘表现那种似真似幻的梦境般的境界，形成了触觉向广度延伸；绘画般酣畅淋漓的色彩将色彩的丰富性引入标志设计中，具有推波助澜的重要作用。

设计多元化的发展给设计带来了丰富的语言。卡通动漫、街头涂鸦已经潇洒地登上了艺术的殿堂，极繁主义和新装饰运动为标志设计注入了更多的手段、更多思维的空间、更丰富的表现形式。标志设计也逐步从一元化到百花齐放。不能简单地说"繁""装饰"成为标志设计的主流，只能说"繁"是现代标志设计的一种新的语境，它为标志设计带来了更多的活力。

三、奥普艺术与"高科技"风格

（一）奥普艺术的人性化发展

奥普艺术 (OpArt)，又被称作"视幻艺术"或"光效应艺术"，是以几何形象创造出各种各样的光色效果，表现运动幻觉的一种抽象艺术。它采用黑白或彩色几何形体的复杂排列、对比、交错或重叠等手法，画面形式感强烈，色彩富有运动性，从而使视神经在与画面图形的接触中产生视幻效果，让观众得到闪烁、流动、旋转、放射等运动的感觉，使静止的画面产生炫目流动的动感效果。它打破了纯绘画艺术和装饰图案艺术之间的界限，成为流行的一种标签。艺术家用严谨的科学设计激活视觉神经，达到另一种同样动人的艺术体验。主要艺术表现为：在平面中产生立体幻觉，形成视觉深度，进而创造出奇特的空间，变不可视为可视，违反正常空间观念产生似是而非的矛盾空间。追求复杂而丰富的视觉空间感是其主要艺术特征。

从时间上划分，奥普艺术形成和发展时期正是国际主义设计风格盛行的时期。大量的标志设计借鉴和采用了这一艺术形式。由于其运用了科学的视觉感受，它被众多的新兴的技术类行业广泛接受。如世界著名相机品牌美能达标志中的闪耀光线，精致而细腻的矩阵排列。甚至1984年和1988年两届奥运会的标志都可以看到奥普艺术的影子。20世纪90年代我国也受其影响，如中国电信的标志就是在平面的空间上追求另一种光效空间。随着国际主义设计风格遭到越来越多的批判，奥普艺术过于严谨、机械、冷漠的线条也被认为过于技术化而被人们批评抛弃。奥普艺术开始改变以往僵硬的形式，发展出一种新的"光斑效果"。它主要通过细腻柔和的光斑形成空间的立体感，这种类似光照后物体反射的表现去除了几何图形排列产生的锋利棱角，在视知觉上照顾了人们的心理感受。如创维电视的标志就是奥普艺术发展的具体体现。宇宙、星球，壮观的自然柔和平静地展现在人们面前，很容易和受众心理沟通。

（二）"高科技"风格

"高科技"风格设计诞生于现代主义设计之后。在设计上特指两个不同层次的内容：一是指技术性风格，强调工业技术的特征；二是高品位，设计对象主要为特定的消费群体。它的艺术风格的特点是运用精细的技术表现，达到工业化象征性的特点；实质是把现代主义设计中的技术成分提炼出来，加以夸张处理，形成一种符号效果。"高科技"风格给予了机械结构美学的价值，反映的是一种新的设计风格。法国著名的蓬皮杜艺术中心暴露在外的各种管道，北京奥运会主会场"鸟巢"的巨大金属钢架结构都是典型的"高科技"风格。

  由于"高科技"风格晚于现代主义，所以在表现上没有国际主义设计风格那种统一、刻板的感觉。特别是其针对高端市场的设计目的，使"高科技"风格体现出一种优雅的艺术感，这是它较以往现代主义人性化的地方。同时，"高科技"风格采用高端材料、运用尖端技术、最先进的设计理念所追求的高品位，也使其在视觉感官上丰富许多。因此，它在意识形态上是后现代主义的体现。在标志设计上，比较典型的"高科技"风格是美国苹果电脑公司取代"五彩苹果"而推出的"水晶苹果"。此标志一经推出，就以其独特的艺术个性征服了消费者，苹果公司依靠新的标志和良好的产品设计在当时创造出了不俗的销售业绩。后来，许多企业标志在设计上都延续了这种表现手法。

人性化标志设计是社会进步的必然

  进入2000年后，跨国公司企业兼并案例接连出现。企业更换标志形象的速度加快。著名品牌更换标志的消息接连不断，标志设计因对视觉内容异乎寻常的敏感性而在表现方法上也随着发生了许多新的变化。这些变化是多种因素综合的结果，但也是社会发展的一种必然。只有适应这种平面设计的变革，才能更好地跟上社会前进的步伐。

下面我们将列举具体实例说明。

一、美国联合利华公司

更换时间：2004年。

原因：旧标志传达了一种力量和稳健的含义，但认为并不足以体现公司的抱负，它与联合利华的品牌放在一起也不协调。联合利华公司认为如果公司品牌要在其他领域变得形象更清晰、意义更深远，就需要一个新标志来支持公司品牌的新战略。

新标志内包含着25个小图案，每个图案又有自己独特的含义。比如一片树叶，象征着植物精华如茶叶，也代表耕耘和成长；一只小鸟，象征着从繁重的家务中解脱出来享受自由。除了代表着让人们更健康、长寿，更具活力的价值观外，这些小图案又都可以自由地拆分运用在各种新媒介上。比如图案中的一朵花代表芳香，当它和一只手的图案结合时，可以被用来代表生产滋润乳霜的部门；再如一片浪花，既可以表示清新与活力，也可以表示个人清洁用品，当和衣物图案结合时还可表示洗衣粉生产部门。

评析：艺术手法上旧标志带有明显的国际主义现代风格，新标志适应新的发展，采用了后现代主义的新装饰表现。"繁"带来的是艺术化的亲切感，组合式的表现能够很好地解释公司未来发展的方向。作为一个化工企业将更多的生态元素注入标志，符合现代人们对绿色环保的强烈需求。这种关心环境，注重用户的心理、生理的设计手法是充满人性化的，它改变的是企业单纯的商业形象，塑造出的是良好而亲切的伙伴形象。

二、肯德基

更换时间：2006 年。

原因：肯德基的全球化换标，意味着肯德基经过全球扩张后回归到餐饮业的核心——产品服务。

新标志保留了山德士上校招牌式的蝶形领结，但首次将他经典的白色双排扣西装换成了红色围裙。这红色围裙代表着肯德基品牌家乡风味的烹调传统。它告诉顾客，今天的肯德基依然像山德士上校 50 年前一样，在厨房里辛勤为顾客手工烹制新鲜、美味、高质量的食物。

评析：经营理念由良好的产品质量转变为提供优质的服务，表明企业的竞争已经上升到服务竞争，企业文化竞争。这和尊重客户的服务意识本身就是人性化的。从形象上看，穿着围裙的上校远比西服式的早期标志更加和蔼可亲，颜色也比从前更加响亮。人性化设计不仅仅只停留在表现上，更深植于理念当中。肯德基标志的转变就是人性化在设计中表现的典型例子。

三、VISA 国际组织

更换时间：2005 年。

原因：当时 VISA 国际组织已拥有 10 亿持卡人和 2400 万特约商户，2005 年《尼尔森报告》3 月第 829 期数据显示，其卡片数量全球占有率已达到 63%，商户交易额全球占有率达到 59.76%。在中国 VISA 卡也取得了骄人的成绩，其国际流通卡数已近 614 万张；两年一届的全球董事会也在北京举行，因此 VISA 国际组织在中国市场启动了新标志。

新标志更加突出 VISA 四个英文字母，原来的蓝、黄色条将随之取消。卡正面的 VISA 鸽型全息图将移至卡背面，并与磁条结合，从而使造假难度加大。同时，在卡的正面也腾出了更大的空间，供发行机构进行新设计或宣传。

评析：翻动的字母比以前更加生动，使新标志增加了立体感。细节的巧妙处理带有一丝诙谐，多了一分情趣。趣味是人性化的典型表现之一，形式的简与繁并不是区别人性化的主要标志。事实上 VISA 的新标志远比旧标志显得更有层次，更容易识别，也更有人文情结。

四、BP 英国石油公司

更换时间：2000 年。

原因：BP 更希望公众认识到它的定位是能源公司，并与各方合作寻求可持续发展的能源解决方案，以及在 21 世纪乃至更远的将来为社会提供燃料、石化产品和服务，以改善人们的生活质量。所以 BP 这次推出的宣传语中有这么一条：BP> 石油 + 天然气 + 太阳能 + 氢能源……

作为国际石油界名列跨国石油前三强的 BP 公司放弃了应用了几十年的视觉系统，导入全新视觉形象，绿、黄、白三色组成的太阳花标志代替了"盾牌"标志；随即耗资几十亿美元在全球推广应用。"Beyond Petroleum"——"源于石油，超越石油"是新的推广语，是对新形象最好的注释。

评析：非常绚丽的视觉效果改变了企业原有的冰冷字母，活力四射的标志体现出了可持续发展的能源战略。显然旧标志难以引起受众的共鸣，在现代社会甚至多少让人觉得讨厌。新标志通过色彩的渐变充满了动感，给人以活跃的气氛，将原先仅强调功能主义的设计思维彻底颠覆；绿色的形象也改变了石油企业污染的形象,这些都是很人性化的设计。

五、UPS 国际快递

更换时间:2003 年。

原因:UPS 的品牌形象已在全球范围内家喻户晓。UPS 员工一年四季奔走于美国各地,98% 的美国家庭享受过他们的上门服务;他们的足迹还踏遍世界 200 多个国家和地区。这次公司形象的改变不仅仅体现在标志的视觉感受上。为了让公众进一步了解 UPS 为全球拓展能力,公司的货运飞机及人们熟悉的棕色递送车的设计图案中还将增添"全球商务同步协调"的词句。新的广告词中也将增加"商务同步协调"的主题。

尽管棕色仍然是代表 UPS 形象的基本颜色,但新的补充色将会出现在 UPS 的飞机、包裹及公司其他的设计中。从视觉形象角度看,UPS 新标志的最显著变化是取消了盾牌上方带蝴蝶结的包裹图案;盾牌依据延续了安全、高贵的理念。

评析:新的技术手段让新标志有了更加丰富的表现力,光效应让新标志拥有了空间感,彰显了贵族式的品质。在多年以前这种设计方式是不会被接受的,复杂的工艺难以保障标志在应用时的统一性和规范性。今天,新技术让我们有了更多的选择和表现手段。新标志和旧标志相比更具有皇家气质和风范,让人联想到欧洲贵族学校的徽章,提升了公司的企业形象,符合现代人的审美口味,极具人性化。

六、英国电信

更换时间:2010年。

原因:实现传统的固定网络运营商向信息通信服务提供商的战略转型,用品牌强化全球性的战略。

新标志由六色半球形图案,六种不同的颜色构成,极具空间感的半球形图案构成了一个酷似地球的造型。这个含义为"连通世界",反映了公司朝着更广泛的世界级通信服务提供商的方向努力的意向及以用户为中心的全新企业价值观,六色新标志正巧和当时的六项主营业务相吻合。

评析:新标志表现更具时代感,丰富的色彩迎合了现代的欣赏口味,这种形式几乎成了电子产业的新模式。如果单从图形上看,似乎新标志更加简洁,事实上理念的变化却是更深层次的。和旧标志直白的表现形式相比,新标志迎合了年轻人的喜好,就如同伦敦申办奥运会标志一样。色彩、空间让人充满了想象,市场细分化后针对特定的用户的服务本身就是人性化的。

七、法国电力公司

更换时间:2005年。

原因:法国电力公司改组成为提供多元化能源和多样化服务的集团后,为了体现其拓展欧洲市场的决心及对外开放的愿望,开始重新考虑它的标志。

新标志具备两种元素,象征和公司简称,每种元素均有各自的色彩特征。新标志保留了原标志中的蓝色,但有所改进。这一蓝色表示法国电力公司从属于工业领域。橘红色则是能源和热烈的象征。"EDF"三个字母保留在具有历史意义的颜色里,它使人们联想到与企业相关的工业领域。由不同字体组成的字母突出了新颖性和特殊性。小写的字母"ɜ"表示既是高技术而又是近在咫尺的能源（"e"意味着电子）。字母左边的象征是独特的图像创作。以书法的笔触使五个成分各具有不同的形态。五个或分形成动态的太阳型弧线以表示烈焰、水轮机或者风力发电机的旋转，甚至画家马蒂斯作品中人物柔软灵活的动作。这个新标志里一个不可分割的成分是专门为之设计的声音形象，以伴随面向不同公众群体的企业商务和形象信息。

评析：艺术化的表现使公司在能源行业中个性更加鲜明突出，识别性更强。法国人的浪漫给新标志带来了许多法国的地域特色。民族特色已经成为现代标志设计采用的重要手段之一，浓郁的地方特色很容易博得人们的好感，个性化也非常鲜明。当我们看到本民族传统元素而流露出的亲近感，谁又能说这不是人性的自然表现呢？

八、美国 3COM 公司

更换时间：2000 年。

原因：简化公司名称的形象，以反映公司致力于使 3COM 产品更容易使用，致力于使 3COM 公司更容易与大家做生意。为了让世人了解新 3COM 公司文化精髓，推出了 3COM 公司新的品牌标志。该标志体现了可靠性、简单性和创新性的实质。

新标志中两个环套在一起代表今天成熟的联网业务，而第三个环暗示尚待连接，可以是新的无线联网方式，或 3COM 尚未发布的联网技术，换句话说，代表未来。Internet 时代的联网都要跨边界，并创建互连的社区。

评析：曾经代表高技术行业的蓝色在近年来被越来越多的企业抛弃，技术类标志走进了个性化时代。适应市场、适应需求才是生存之道，也是发展的有力途径。立体的圆圈体现了一种轻松、优雅，而不再是公司的强大。这种趣味性散发着游戏感，让人难以忘怀。游戏也被认为是人类艺术起源的原始动力之一，今天，我们将游戏带入标志设计中，不正是人性化的反映吗？

九、华为公司

更换时间：2018 年。

原因：移除了渐变色，彻底扁平化，重新设计了标准的字体。间距加大，字体更加清晰易识别。增加了新的红色配色方案，更加适应数字平台和媒体的传播。

新标志更加扁平化，代表了现代时尚的快节奏和扁平化的趋势，以及为了适应电子阅读的趋势和新时代的审美欣赏。

评析：华为公司作为中国高科技企业的代表，一直引领着中国通信企业前进的方向。2018 年华为成为全球最大的 5G 供应商，标志也体现了未来电信行业的特点。显屏时代已经来临，电子化成为日常生活的模式，方便的电子阅读信息符合新的时代要求，人性化的本质是满足人的心理需求，与时俱进才能跟上时代的脚步，才能体现人性关怀。

以上所举的例子仅仅是跨国企业更换标志的一小部分，但是我们可以看出标志的变化和设计的发展、社会的发展、技术的发展是相吻合的。总的来讲，是人类社会个性化、多元化、人性化发展的必然结果。

"人性化设计"体现的是标志设计发展过程中设计师对社会、受众的关注。设计仅仅提供使用功能是远远不够的，还应体现出对人精神的关怀，让人们感受到人与人之间的温暖。人类社会呈现出多元化、个性化的发展，使人性化成为标志设计发展的一种趋势，也是人们崇尚以人为本的根本体现。标志设计呈现出的更为自由、更为人性、更具情感性的意境，在表现形式上可简单可烦琐、可传统可前卫、可具象可抽象，但有一点必定是相通的，它们的设计源泉和灵感均来自设计师与受众共同的社会文化根源。人性化正在为设计师、普通群众所接受和理解，这种设计理念是时代和社会文化发展的趋势。

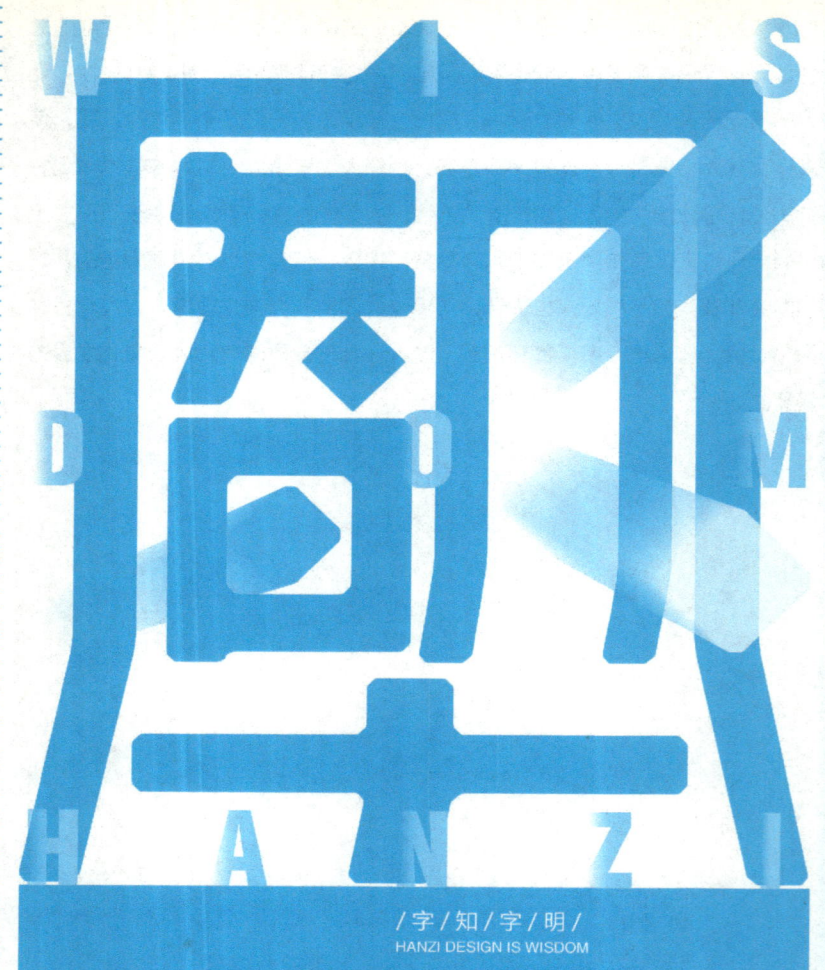

第二章 / 情感化设计视阈下的字体感知

THE INFLUENCE OF EMOTIONAL DESIGN ON FONTS

字体 / 情感化 / 设计

FONT / EMOTIONALIZATION / DESIGN

认知学认为情绪可以影响我们的感知、想法、决策。文字作为信息的载体受到感官的支配,富有美感的字体可以提高我们的工作效率。字体的形状、结构、排列都受到设计师情感的影响。同时,又通过设计师反作用于受众对品牌、产品的看法,正能量的情感信息可以激发人们无限的想象。字体作为视觉设计的一部分承载了同样重要的作用。

人是情感的奴隶，其行为方式、价值判断都是在情感的支配下做出的条件反射。文字作为最具情感表达的艺术形式之一，从开始就被打上了感性的烙印。事实上字体设计是受众与信息之间的情感纽带，它在悄悄地改变着我们的情绪，愉悦着我们的心情。让字体设计充满正能量、充满乐趣是设计的本质所在，也是人类情感需求的必然反映。

情感化是字体吸引力的源泉

有吸引力的字体更好用

20 世纪 90 年代初，日本研究者黑须正明和鹿志村香通过提款机控制面板的外观布局设计证明，拥有迷人外表的设计使用起来也更加方便。审美是人类在进化过程中产生的特有的心理活动。同时，审美也可以改变我们的情感状态。它可以在视觉上造就舒适感或紧张感，引导我们的情绪产生兴奋或刺激。在人们处于愉悦的状态下，会自然而然地接受正面的信息，尝试更多的解决方法，增进理解和认知。美与功能之间的必然联系是人类自身感知器官内在的需求。文字本身就是人类智慧的产物，受到人类行为、意识、感官的支配。作为一种纯粹的人造物，必然反映人类对自然规律的认识，也是人类心理活动的外在表现。审美情趣和审美意识通过文字的形、色、质物化于纸张、屏幕、空间等多重媒介中。更具美学意味的字体一定在使用上有更好的表现。例如，我们广泛使用的 Helvetica 字体简洁明快、识别率高，那种"没有个性"的字体符合大众的审美，平和安静无争的外在形态造就了它超高的使用率。方正字库的清刻本悦宋字体延续清代刻本的字模形式，娟秀灵动，充满了人文气息。与以往宋体字不同的是，该字体的"横"保留了人们书写时左低右高的形式，整套字体洋溢着一种上扬的趋势，充满了积极向上的情感意味和传统的人文精神。

情感可以体现设计多面性

　　字体通过三个层次反映情感。第一个层次是字体的外观，即字形、笔画、穿插呼应的结构。字体的视觉形状是字体情感最直接的表现，体现了书写者或设计师最明确的审美情趣。例如方正瘦金体，取自宋徽宗的瘦金体，细而有力的笔锋，顿挫而不失优雅，既是宋代文人追求简约、禅意的审美态度，也是宋代美学"雅致"的体现。方正超粗黑字体力度十足的笔画尽可能地压缩了反白的空间，体现出了快节奏的城市生活和现代人情感的直接宣泄。如果说瘦金体所表现的是内向的、温和的、性情平稳的性格，那么方正超粗黑体现的就是开放的、精力充沛的外向性格。目前，汉字的常用字库大约有五百多款字体，每一种字体都投射了不同设计师神情各异的审美情感。受众复杂的、多层次的心理需求也造就了情感的多样性和使用的多面性。第二个层次是字体的功能性要求。如果说字体的功能需求的重要标准是识别性，那么实现这一途径的方法就是个性化的表现。在当下社会的消费形势下，存在"需要"和"想要"两种心理。比如，作为正文的字体要具有较高的清晰度、字间距合理的比例。它必须满足信息载体和信息传达的基本功能。大多数中、英文字体基于"需要"这一情感需求完成设计。"想要"则受文化、背景、教育程度的影响，是审美心理中渴望的状态，是潜意识的自我形象。绝大多数的品牌字体设计属于这个心理范畴。比如，惠普最新的标志形象，字体采用倾斜而明快的线条，除去一切多余的转折与装饰。H 和 P 之间正反的呼应，追求意向上的神似，而不是单纯形上的形似。前卫的科技感反射的是高冷的技术质感与未来主义风格的审美意味。由于"想要"更接近行为的内心感受，更容易产生特定的情绪化联想，对于设计师来说这些挑战更能激发他们创作的灵感和欲望。第三个层次是反思层次。所谓反思层次主要是指个人的情感满足。字体是在实际应用层面可以承载象征意识的辨识符号。当我们看到可口可乐飘动的红色字体时，会回忆起童年的美好时光。"情怀"能够有效地承担起产品与受众之间的媒介作用。这是一种感情上的信任。这种信任支撑起了消费者对产品的忠诚度。在字体设计上主要通过设计过程中的精细化制作体现出字体设计中对细节的追求。这种追求会通过多层次丰富的变化和标准化的视觉表现在反思层面暗示受众，产品的品质也是高标准的。同样，我们看到个性化、创意性强、制作精良的字体时会感到惊喜，感受正面的信息并引起共鸣，而那些抄袭、"山寨"的作品是不可能带来任何正面情感的。

字体情感化的视觉层次

音乐的节奏与韵律

音乐是人类情感的一种特殊外在反映。节奏和韵律是组成音乐的基本部分，它们属于复杂的数学规律表现。因此，音乐具有跨越性，跨越文化、种族的特性。对于受众来说，音乐存在于人类的本能层次和潜意识，潜移默化地改变人们的情绪。在视觉上，我们可以通过强弱变化、长短变化、密集与疏松的变化形成一定的节奏符号。在组合上，通过序列、曲线的变化强调结构，外在视觉张力，有意识、有目的地创造出节奏和韵律，形成视觉的音乐和情感愉悦。对于字体来说，在笔画的形状上面找出规律性的变化就赋予了字体音乐的翅膀。如衬线字体的代表 Roman，该字体在造型上起笔和收笔处增加了衬线脚，并由衬线引导出每个字母的粗细变化。横向上较细，纵向上较粗，这是一眼就可以观察到的规律性变化。在细节上面，如果我们放大字母的每一个起笔，就会发现即使细小的尖头部分也是有圆形的倒角的。这些变化丰富而富有规律、和谐统一，如同交响乐般充满了情感。另外，在手写体为代表的字体中，更是能体现出设计师本人对文字的情感。如英文字体 Italic，字母由大量的曲线组成。高迪说过"直线属于人类，曲线属于上帝"，可见曲线本身所具有的美感，同时，也是韵律视觉化的基本特征。再加上字母组合上又通过连笔使得该字体极富装饰意味和古典审美情趣。当然，不同风格的字体形成的节奏韵律不尽相同。作为一种重要的心理因素，人们可以根据视觉节拍寻找并预测接下来的视觉节奏变化。这就为我们在设计过程中，下意识地创造出某种形式的节奏韵律并构建风格提供了科学的设计思路。

视触觉的表现

所谓视触觉指通过心理暗示感知视觉图形。例如，平面上的一个圆形和一个矩形。我们并无法用手去触摸它们，而是根据生活经验，通过图形的外轮廓潜意识感受到圆形比矩形柔软。格式塔心理学将"形"视为一种心理活动。形状、形式或被视觉分离出来的一种整体，都会通过视网膜影响我们对事物的判断。因此，图形的视触觉语言能够提供潜意识的心理暗示。光滑的和粗糙的、冰冷的和温暖的，这些视觉肌理带给人的感受是不同的，表达的情绪也是相反的。在字体设计中，同样的字体结构替换成不同形状的笔画即可改变字体的性格。例如，方正大标宋和方正粗黑两款字体。如果我们用计算机将同一文字的两种字体重叠起来，会发现它们二者的骨骼发生了重叠，尽管两款字体的情感属性不同。由此可见，"形"对字体的情感表达是多么重要。再比如，这款"设计快乐"（图1）的设计。设计师将水管和阀门的图形语言融入字体的结构当中，在视觉表现上虽然没有真正的金属出现，受众依然能感触到坚硬、冰冷、力量的视觉冲击。正如我们绘制出毛皮和木材两种图形，只需要看到两种材质，大脑就可以通过联想构建对触感的视觉反馈。显然，这种心理暗示可以解决字体设计上的情感表达。

内在的趣味化表达

今天的设计形式我们已经很难用某种风格或主义去定义。设计正在成为情感的媒介，人们如何获得马洛斯的精神需求是当下设计关注的焦点。品牌溢价的核心是情感上的共鸣。设计开始具备社交功能，我们通过互联网观察世界，文字承载了大部分情感的力量。欢乐、兴趣、游戏可以激发正面的能量，拓宽人们的思想，把枯燥乏味转变成有趣的东西。在品牌字体设计中，我们经常采用这种表达方式。谷歌公司作为全球最大的搜索引擎公司，从来

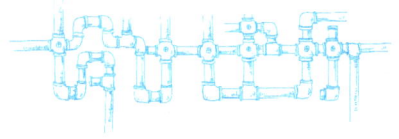

图1：视觉质感是指人们通过生活经验积累起来的感觉感知，当我们通过视觉观察到事物的时候，和大脑已知经验相对比从而形成的一种心理活动。

就不缺乏想象力。它的 Logo 一改中规中矩的教条模式，在公司形象的字体上大胆创新，趣味性地表达出互联网世界的丰富情感。"谷歌"字母里面增加的无数字母 O 看上去虽然有些滑稽，但是乐趣无穷，诙谐的设计语言让人难以忘怀。或者在重大节日、纪念日大秀形象的改变，这些趣味性的表达使用户感受到了谷歌开放的思维，强化品牌形象的同时又在情感上呼应了人们的诉求。可以说正是苹果、谷歌这些企业改变了 IT 行业一贯冰冷的感受。欢乐、玩耍激发了探索的冲动。人们欣赏设计是因为它在某种程度上改善了人们的价值判断。乐趣在多大程度上让人感受到情趣取决于设计师对项目理解的深度。

历史积淀的宣泄

文字从诞生那一刻起，书写就是文字物化的最基本手段。无论是汉字，还是拉丁字母、阿拉伯文都特有其自身的美学形式和追求。历代皆根据书写工具创造出不同风格的书法艺术作品。康有为在《广艺舟双楫》中讲"唐言结构，宋尚意趣"。拉丁文在巴洛克时期重装饰，才会有花押形式的各种衬线体变化。书法本身就是一门抒发情感的艺术。字体在设计过程中依然要保留书法的"神、气、韵、骨、肉、血"。通过结构变化、穿插呼应的整体布局、笔法的变化突显字体的神韵。从古字中循迹，根据文字的特点与含义将先人的智慧与光芒、审美情趣，用现代字体的制作方法将其完善，必然可以做到形中有意、意中有神。

情感化的审美距离

任何字体设计中都离不开字间距的考量。传统古籍的排版受到印刷技术限制，字间距过小，阅读起来比较困难，容易使人的情绪紧张。日本在引进西方排版的理论后，对文字的留白空间、字间距的大小做了大量实践。相对来说，日文排版的人性化更足。合理的字间距、行距使人阅读更加轻松，传递出正面能量的信息越多。通常来讲，字体较细，字的内部空间较大，外部的字间距也越大。由于中文中的汉字笔画数量差距较大，在排列时要适当疏通，让空气渗透进来。字体的笔画较粗，字的内部空间小，字间距不宜过小，这样在阅读时不会有压迫感。西文字母的间距有固定的比例数值。字母的形状不同，占据的空间不一样大，形成的正负空间能量不同。圆形字母的趣味性最强，正面情感最充分；方形字母外围空间雷同，视觉情绪不是很明显，感情上趋向中庸；三角形字母的形状比较突兀，视觉感受上容易受到伤害，含有一定的负能量。在字母的字间距安排上，尽可能地减少三角形的负空间，可以增强字体的正面情绪。除此之外，行距也是影响阅读质量的重要因素之一。行距太小，文字之间相互干扰，易读性受限，负能量增加。单字、单词、单句之间的距离对视觉品质的好坏起至关重要的作用。

字体是视觉设计表达的一种形式，当我们有意识地设计或者挑选字体进行排列的时候，是否让它看起来更加自然、更加令人愉快呢？最好的设计未必是怪异的形状、刺激感官的颜色，观点的平庸才是设计的伤痛。好的设计应该是解决问题的本质，既有功能性又有美感，这是字体的设计表达，更是情感的内在体现。

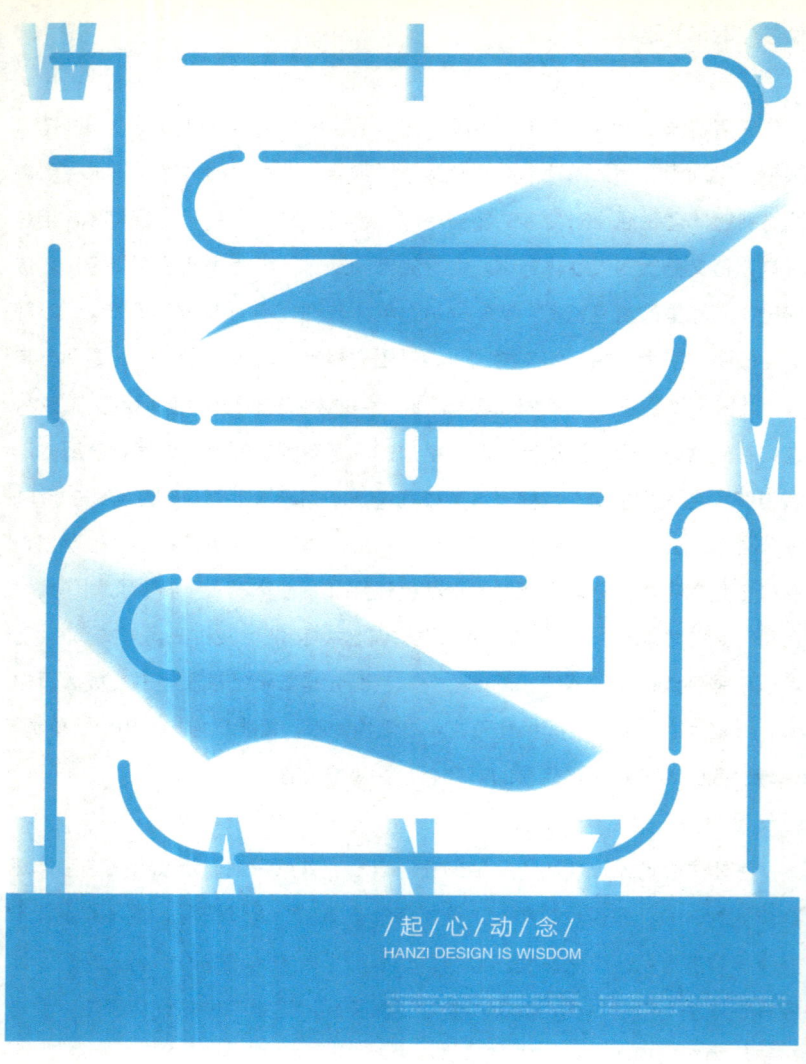

第三章 / 基于东方美学语境的汉字创意研究

RESEARCH ON HANZI CREATIVITY BASED ON ORIENTAL AESTHETIC CONTEXT

美学 / 创意 / 文化

AESTHETICS / CREATIVITY / CULTURE

汉字不仅仅是文化符号，也是东方美的再现，字体设计传承的是东方美学的神采风韵。字体设计不仅可以体现东方传统的宇宙观和人文精神，更是人心灵世界的一种反映。对自然的崇拜，对生命的赞颂是构成汉字的美学核心和形态的基础，设计师通过汉字这一传播媒介将东方的形式美展现在世界面前。作为当代设计师有必要去认识和理解东方美学的内涵，才能将这一充满人文主义精神的艺术形式表现得更加淋漓尽致。

汉字是中华民族智慧的结晶，是中国人对自然万物高度概括化的意象体现，是中国人精神世界的物化，是对生命超越的美学再现。当代汉字字体设计不仅仅是表象化的视觉符号，还是字体意象化审美情趣的体现。东方"美"自始至终伴随着汉字这一视觉符号，它是基于感性的经验基础，以理性的思辨为线索，通过互动式的情感变化，完成图像化的编码转移。而图像化的再现往往是中国人世界观、宇宙观、审美观的生动体现。正是这样的美学价值与心性造就了汉字字体设计的多样性和丰富性，塑造了字体创意里的多重意味与形态的追求。如果说创意是汉字设计的灵魂所在，那么无疑东方的美学观点是其灵魂的精髓。研究汉字设计背后的美学精神，恰恰是对汉字创意核心思想的追溯。

中国美学的基本精神特质

中国是东亚文明的核心，创造了灿烂的文化。传统的美学价值观有别于西方的价值观，拥有自身独特的文明特点。无论东方还是西方，其美学思想都是建立在各自哲学体系之上的。中国哲学以道家、儒家、禅宗为思想代表，研究人与自然、人与社会、人与人之间的关系。中国哲学是一门生命哲学，核心思想是心性。每个人是心性的主宰，天地万物宇宙围绕心性展开，整个自然是一个大的生命体，生命之间彼此影响，万物相连。西方哲学强调知识、逻辑，注重思辨。中国哲学关注心性的伸展，体验生命，超越生命。

西方美学建立在科学的基础之上，中国美学感触的对象并不存在于客观世界中。它不是物质的，是精神层面的，它是艺术家对生命体验的感悟。中国美学的重心就是超越"感性"而寻求生命的感悟，不是通过经验的积累认识美的价值，而是超越经验，认知世界，体验生命的美。中国的美不关心外在的形象，以及客观对象的现实反映，它重视的是内心体验世界，融自身于天地万物，从而获得灵魂的安逸。"无印良品"招贴中的天一色、地一色、孤独形影惟一人，天地代表了宇宙乾坤，自然万物，孤单的人代表了人内心的灵魂。虽然很小，但是它融入了茫茫宇宙。心灵和万物融为一体，自然而然得到了性灵的延展。"孤舟蓑笠翁，独钓寒江雪"，内心与造化同源，东方美的追求是心灵的安顿，并非一般意义的审美感受。

中国美学的基本内涵包括了道家的万物互生、气化宇宙；禅宗世界的本源心性；儒家的创新求变，逝者如斯；楚辞的感伤与唯美等等。这些构建了中国美学的空灵之外，以小见大、大巧若拙、无言之美的美学情趣。这些情趣给中国的汉字注入了独特的气质。设计师基于境界、和谐、妙悟、形神等东方美学特质，将汉字固有的艺术特征放大，赋予其更多生命力的想象。

汉字创意中的东方美学精神

汉字创意中的气韵宇宙

谢赫在"六法"中提到"气韵生动"唯第一，这是中国审美哲学思想下的重要审美标准，是中国美的最高原则。荆浩在《笔法记》中提出"六要"，其中气、韵为"要"中之要。"气韵生动"强调的是艺术要有生命感，要活泼，要有意味。这是中国气化宇宙思想的一种体现，万物皆有"生命"之气，并相互连通。汉字设计也以气韵为尚,字是"活"的,是有"节奏"的,是富有音乐般流淌精神的。中国书法讲究"神、气、韵",无一例外不是在强调气韵的重要性。就字体设计而言,承载气韵的载体就是字体的造型,"无形则无气"。可见字的形态是气韵的承载者。从外在感官上讲,气是一种精神上虚化的物质,或者我们可以用风神气度来描述字的造型。如高桥善丸的"香炉"字体设计,我们可以感受到渺渺青烟,空灵而向上的气韵,朴素简洁中透露着阵阵禅意。正如"青山是青山,白云是白云","炉"字中延长的一笔是整个字体中"气"的所在,抽象的汉字有了画外之音。设计师通过拟形将字转化成活物,这正是一个精神的宇宙。高桥善丸的"流字"在字体设计上也是采用了同样的创意手法,通过对庭院枯山水的转换,以转动灵活的曲线将自然高度概括化,从而形成虚旷的心灵表现。这种动态是一种静者之动,是一种灵动。把握形的特质,追求气息是字体设计生动化的基础。字体的造型是超越形式之外的生命反映。除"气"之外,字体宇宙中还要有"韵"。宋代范温说:"韵者,美之极也。"[1] 韵是字体形态中所蕴含的音乐感。构成音乐的是字体形态的节奏。又如他的"白、南、风"三字将文字的内白扩大,用白色呼应气息,三个字中缩小的笔画结构如大音希声、早春落雨,笔画上的转折相互呼应、笔笔相连形成了造型上的韵律。整体上的和谐与局部的变化交织成一种音乐的畅想。又如高桥善丸著名的"花、鸟、风、月"中略带弧度的笔画,上下错位的结构,拉长变形的比例关系构建在一起,如烟云氤氲,彼此之间层层推开,此起彼伏前后呼应。中国传统绘画中的由近及远、由远及近都在这几个字中表现出来。世界万物相互关联,生生不息,字与字之间相互融合体现的是气韵的整体。

字体形态上的大巧若拙

中国美学精神中重要的原则，第一，就是崇尚自然，遵循天道。天道即自然万物的生长规律。自然之美才是完美之美。"大巧"是绝对的巧，完美的巧[2]，是一种自然的状态，强调的是朴素纯全的美，不是刻意装饰的美，不做作、不浮华，简单的东西天生就能表达真实的一面，整齐、干净、不复杂。"拙"则是一种境界，一种超越欲望的境界。中国书法提倡生、拙、老、辣，就是大巧若拙哲学精神的体现。"无印良品"正是遵从这一理念发展出了自己个性化的视觉风格。当代字体创意设计追求简约，就是这一美学精神的体现。几乎所有的现代字体设计都去掉了起笔和收笔时的笔形变化。与此同时，采用减法的创意思想，尽可能地消减装饰性的转折，利用重复的骨骼构成，在秩序上形成单一的视觉感官，这就是天饰的原则。如高桥善丸"梦双"两个字的设计，直线代替曲线更加直接明了，去掉曲线柔美的同时，又将笔画减细，保留了一份优雅。同时，空白的填充形成线、面的抽象化对比。这种表现形式经常出现于原始图腾的构图当中。初看之下，有几分童趣，充满了天真可爱，平淡下渗出潇洒，这种创意的背后正是简素的美学精神。"野放途"几个字的非对称关系有着奇数的不完整性，"若拙"的精神就是尊重自然，推崇天成。在字体设计时采用非对称的关系是对不完整性的体现。高桥善丸设计的"野放途"打破了文字的方格定式，延伸的笔画破坏了文字的平衡，使字体处于一种非稳定的动态形式，这种运动给字体本身带来一种气息，增加了生命感。从技术的角度讲，似乎是笨拙的，没有什么"技术含量"。但从对自然的观察，对和谐的破坏，正暗含了某种不完美的自然力量。因此，它是符合人的心理变化的，和人的内心是接近的，是平易近人的。这种设计将客观世界的现实,以自然为节奏,真实地描述出来,而非刻意地改造迎合,是一种独特的东方设计思想。

第二个原则是老境。老在中国美学中代表一种境界,老相对的是新,是对生命活力的恢复。所谓"老"是平淡的、天真的、淳朴的、自由的、不做作的,平凡中拥有智慧,摆脱习俗传统,摆脱规则和限制的束缚,真正实现创新。如"不言言"(图1),黑色而有力的笔画充满了力量感,笔画分割的空间减少到最大程度,字体浑然一体,追求古拙平淡。精巧过度,太注意装饰,反而会没有生气。"不言言"对笔画也进行了平直处理,用平正来体现创新。老就是不过分追求美,过分则是嫩。郑板桥的六分半书就是这种美的典型。还有一个原则是枯槁之美。枯槁不是一种枯寂、死亡、寂灭,而是对活力的恢复。中国的毛笔为这种美学形式提供了有力的技术保障。石涛作画善用枯笔,"笔枯则秀,笔湿则俗"。"枯"表面上看,好像是没有生气的,但从精神层面却代表了无限的生命,枯木逢春是新生命的诞生,是古拙中蕴含的活力和风韵。就字体设计而言,除了我们经常看到的书法作品,更多的则是追求字的肌理变化,运用飞白、斑驳、喷溅等手段将字还原出一种视觉触感,所有笔画都透漏出一种斑驳的质感,不光滑,粗糙,原始。这种质感妙在漏、透、皱,没有一丝甜腻,干枯中有一种畅快,苍浑有力,残枯又代表了生命的更替。枯代表了孤高,代表了超越。

图1:字体设计应注意笔画之间的图形关联性以及笔画本身的情感性,朴素是对自然的尊重,是自然的造化。

字体设计中的"致中和"

中国传统哲学非常强调人与自然的关系，即人的内在要和外在的环境协调。"致中和，万物育"[3]，世界万物相互依存，和谐而有序。"和谐"是滋养生命的基础，只有和谐才会有生命。朱熹说："温和冲粹之气，乃天地生物之心。"《乐记》说："和，故百物皆化"[4]。大自然因和谐生生不息，而人只有和自然之性，才能创造万物，和谐是内在的，不是外在强迫的。字体设计中美的价值判断中，和谐是最受重视的方式之一。字与字和，笔与笔和，字与笔和，从个体和谐到结构和谐、群组和谐，这不仅仅是形式法则，更是汉字的创意精神。在汉字设计中，讲究位置布局，笔画对空间的合理划分，各得其位。空间被笔画划分成不同形状，形状与形状之间相互关联。"致中和，天地位"，有其位，才有其序，有序是和谐的根本。如果字与字之间、笔画与笔画之间游离了位置，造成了失位，必然造成失和，则结构、笔画就会对立，字就显得混乱了。

字体和谐的原则有三。一是适度原则。适度是秩序的体现，在"中和"的思想体系下，突出适度，避免过于夸张的造型，避免过于简单的形式主义。以高桥善丸的繁体"艺"字为例，设计师用其擅长的设计手法，将横线向左右延伸，突破界的限制。重复的横线使视觉得到延展，这是现代主义的表现手法。同时，"艺"字又保留了很强的识别性。为了使略显平直的字体增加活泼的气氛，在"丸"字的点上进行了二次创新。纺锤形的点弱化了直线、竖线的僵硬，体量的控制又恰到好处。无论在字的外形，还是在细节的把控上，设计师都做到了和谐，整个字看起来有血有肉，丰富而不失章法。二是协调原则。和谐的另一种美，就是协调的美。如果说适度是强调节制，协调强调的就是融合。所谓此消彼长，相互作用，相互补充，就字体而言，就是关注形的变化。形有刚有柔，有长有短，有内有外，有阴有阳。它们之间是相互依存、相生相克的。设计时应注意主次的顺序，每个形的位置，形与形之间的差异，在差异中寻求相似的关系，这就是对和谐的追求。如高桥善丸的"形间"两个字，"形"字以横和曲线构成，撇的部分采用S形的变化，这些是这个字体变化的创意点。右边"间"字的方形也转换成弧形，显然是为了呼应左边"形"字而产生了变化。换而言之，这两个字的笔画是互生关系。假设左边的撇变成直线，"间"字也绝不会出现弧度的改变。同样，当"间"字中的日被实色取代后，形成了面的变化，左边"开"字中心部分也被填充了墨色。这是从造型的角度考虑两个字之间的呼应关系。圆和方相互补充，寻求视觉上的平衡和对应。三是平和原则。平和指的是不争，长空无际，白云自飞。天空、白云按照自身规律相互不干扰，不影响。不争指的是不冲突，或者说避免冲突，冲突就会造成对比的夸张、形的扭曲、矛盾的产生；就会出现不平等，呼应就无法产生，就无法体现空灵淡远的东方意境。平和是自由自在，自然而然。需要强调的是平等和差别是相对的，是以和谐为根源的。字的平和看重的是布局，方寸之间，营造天地。笔笔之处，合理避让，协同共存。每个笔画都有属于自身的位置和空间，平平淡淡中自然取舍。如"捉妖记"（图2），"捉"字左边的提手旁本应左右对称，但为了

图2：笔画之间的穿插呼应的是中国平和思想的体现，是和谐共生的东方精神。这种精神在中文的字体结构中构建了中国式的审美情趣。

使右边的"足"字有合理的空间，采用分离的手法，上下进行错位处理。显然，这种布局是从避让的角度出发的。"妖"字的女字旁和右边的"夭"字的撇也形成局部的支撑和秩序关系。从这三个字的白空间看，笔画之间分离出来的图形形状相似度高。从秩序的角度看，按照字的基本结构偏旁部首与字意部分适度地划分了空间，这些都是协调原则的应用。表面上看，这三个字没有太多的变化，这种不动不静的形态是创意思想上对平和的思考。

字体的空间灵性

中国美学有一重要的思想是形的虚实。虚实结合，二者之间存在一个空间，这个空间是灵气的空间。在传统绘画中，忌画面太满将空间塞死，如此便没有了生机。留白是为虚空间留下想象。古人认为实空间是从虚空间而来，想象来源于虚空间，是空灵而实际的。这种无形的世界是心的世界，意的世界。这个世界是无色无声的，却孕育了世界的绚烂，隐含了大象。清笪重光讲"密处不透风，疏处可走马"是对中国书法的感悟。利用隐含表达对世界丰富的理解，是中国美学的重要思想。如果把每个汉字的方格看作是一个虚空间、灵空间，那么万千汉字就诞生于这样一个无形的空间。当每个字的笔画落于这个白空间的时候，又划分出无数新的虚空间。虚空间和实空间随着笔画的起起落落不断地变化着。"白本非色，而色自生。池水无色，而色最丰。"我们可以从陈从周的话语中体会出中国人对虚空间的重视程度。

在字体设计中如何运用虚空间来完成意的营造，要注意以下两点。第一，虚空的意义。虚空间并非所有的留白，而是有意义的空间。所谓有意义的空间是组成字形不可缺少的部分。如高桥善丸的"琳派"字体设计，该创意设计是利用虚空间的典型。两个字的笔画全部由虚空间反方向挤压而成，虚空间的面积大于实空间黑色笔画的面积。为了更好地将空灵的感受强化，两个字甚至强化了偏旁所占的空间，将虚空间更进一步扩大。这个时候，白空间构成了这个字体的绝对创意点。它不再是寂静之白，而成了生命之白、有意味的白，在意象中构造了一个灵秀的空间。第二，黑白交错。实与虚交相融合，共同构成视觉节奏。白空间与实空间依次出现，或隐或现，一阴一阳，虚实相生。这种无无有有，透露着一种智慧的妙境。在中国绘画中，经常通过留白来表现云和水，就是利用黑白相生的原理。如"筑"（图3）字的设计，字的形态由黑色的回纹构建而成，由于黑色线条的等位排列，我们在看到实空间的黑色笔画时，还能观察到另一个白色"筑"的线条。如同实空间的影子，两者同时出现，位置固定，空白之处是字，反向亦是字。正如"画处有画，无处也有画"。虚空间和实空间互为正反，丢失一方，则另一方也绝无存在的道理。如太极图阴阳双鱼吞吐自如，推挽有致。

字体中的以小见大

中国有个成语"见微知著"，就是以小见大。从一落叶，知道秋天；一枝竹子，透出大千；一枯石，可以见到高山。正如禅宗所言"一花一世界，一草一天国"。小的情趣，与人心灵相连。盆栽体现的是对参天大树的眷恋，

图3：正负形是非常有趣的一种视觉图形，虚空间和实空间互为正反，丢失一方，则另一方也绝无存在的道理。

篆刻体现的是方寸之间的宇宙乾坤。小是中国隐逸文化的艺术特征。以小见大，反映了中国美学内在心性的思想。如建筑中的亭台楼阁，都是将无限的景色纳入到有限当中。它并不是数量上的小，而是情怀的建立。正所谓"见山是山，见山不是山"。八大山人经常画孤鸟、枯枝、怪石，体现的是画家的心境，这就是典型的以小窥大。字体创意贵在意的确立，创是手段，意是情绪的表达、境的再现。字体设计首先要考虑如何将字的风格通过结构变化、笔形变化传达出来。如高桥善丸的"橘画廊"三个字，我们可以看到字的重心明显低于正常位置。"橘"字偏旁和表意的部分没有呼应，整体上看好像很松散，这正是设计师要表达意的优先，"橘画廊"带给人的视觉感受是轻松的、自由的、诙谐的，并非一本正经的。通过上面这些变化，设计师很好地将字体背后的意境表达出来。以小见大，还要体现在给受众带来体验真实的感受上来。这就需要表现出心境所需要的典型性代表。又如高桥善丸的"逆光"两个字充分抓住光的放射形态，将两个字的笔画调整为发射形，笔画相交的地方加粗形成辐射中心，使两个字充满了光感。受众对两个字所传达出的含义可见可望，心可与之同游。万绿丛中一点红，不是因为红色而感动，而是因为这个情景所表达的含义。大和小，多和少，这些都是相对的，从微小处发现世界，才能完成对意境的塑造。

字体的形神之美

庄子说："天地有大美而不言。"不言并不是不讲，而是无法用语言来形容。大美是指美的境界，小美指的是美的形态，大美是自然之美，不是人为的，是事物带来的感受。清代画家石涛的兰，如同生长在高山大川之间的朵朵幽兰，散发出淡淡的幽香，似有似无，似淡似浓，带给人心灵的镜像，是无言之美。中国的美讲究传神,神来自天,形来自地。形是可见的,神是不可见的。传说仓颉造字,长有四眼,多了两眼,用来洞穿天地,所以汉字有神,是中国艺术的代表形式。书法讲究形神,超越形式外的韵味,是汉字艺术的特点。王僧虔说:"书之妙道,神彩为上,形质次之,兼之者,方可绍于古人。"[5] 形神二者之间,神采高于形质,同时二者又密不可分。形质是神采的基础,无形则无神。

字体设计中要通过形的塑造来表达神的韵味。字体设计是一种"显现"表现,一种抽象的显现。神采是通过线条组合形成的风度显现。首先,字体的形要随感受。任何一款字体的设计都要基于字所表达的基本含义。这种感受即字的神韵。如行者无疆(图4),先将字进行极限的压缩后形成线的感受。拉伸的字体如同边界线,呼应了字意的内涵。无疆者无限也,一切可能都是存在的。偏旁和笔画向左右两边扩张形成中空两边挤的形态,这些都是意的体现。"意之妙,在笔画之外"[6],"者"字和"疆"字的笔画伸出文字格以外,是对无限的感悟体验。其次,字体的形要有趣味。字要有神,则要有情趣。情趣是生命鲜活的反映,投射的是生命运动的轨迹。草书飞转流动,环转不息。真书之妙,在于时转。字体的趣味是一种"情性"。这种"情性"就是字的风度气韵。如高桥善丸的"鸟"字的设计,将"鸟"字还原成象形文字的初始,文字重新图像化,流畅的线条如鸟儿般轻盈自如,寥寥数笔将鸟的神态刻画出来。翅膀与羽毛的结合,拥有了飞翔的意味。这个设计

图4:字体外形的视觉语言最直接,情感表述最准确。拉长的文字凸显出边界的含义,神韵由形表达。

带给我们心灵的波动和对自然的向往。"字有态度，心之辅也；心悟非心，合于妙也。"[7] 这从另一个角度说明情性是人精神所在。最后，字体的形要随自我。明代杨慎说："盖骨格者，书法之祖也；态度者，书法之余也。"字体的骨骼是书之本，态度则是"余"，是"妙在笔画之外"的余韵。有态度字才有风韵。中国美学有"意在笔先"的重要观点。这个意即是自我，自我就是字的灵魂、设计师的灵魂。字体的形态受字意所控制，更由设计的性灵来呈现。如高桥善丸的"风姿花伝"的设计，字体外形摆脱了形的束缚，而是由设计师依势依意而定。空间上追求线面组合后的均衡，笔画上以断续为轴，笔笔之间粗细交错，动静结合。四个字打破了格的物理限制，追求妙逸，自然而然合于天然，是设计师心境的神采表达。

中国美学精神是一首诗，更是一种智慧，它是对生命自然的一种崇拜。中国设计要走向世界就必须坚持自己的美学语境，发出自己的声音。汉字作为中国固有符号必须得到坚持和创新。如何从内在逻辑把握文字的特点，并用中国美学的心境、意境、生命的感悟去驾驭它，创作出更多有力量的作品是中国设计师的责任。中国美学博大精深，这种充满生命的语境是我们字体设计个性化追求所要坚持追求的。

注释：
[1] 朱良志，《中国美学十五讲》，第五讲"气化宇宙"。
[2]《老子》："大直若屈，大巧若拙，大辩若讷。"
[3]《中庸》："致中和，天地位焉，万物育焉。"
[4]《礼记·乐记》："乐者，天地之和也；礼者，天地之序也。"
[5] 王僧虔《笔意赞》："书之妙道，神彩为上，形质次之，兼之者方可绍于古人。"
[6]《苏文忠公全集》："散简远，妙在笔画之外。"
[7]《全唐文》："字有态度，心之辅也；心悟非心，合于妙也。"

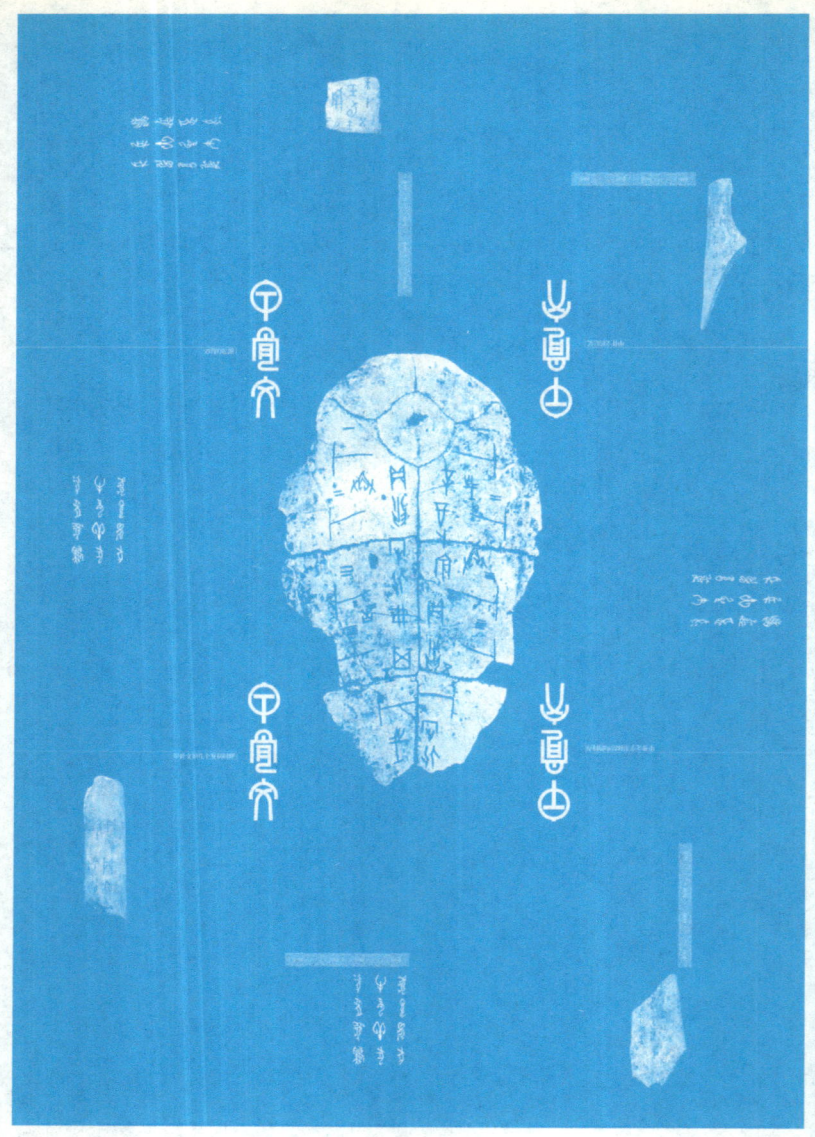

第四章 / 书籍中由内及外的设计思维

THE DESIGN THINKING FROM INSIDE-OUT IN BOOK

书籍设计 / 由内及外 / 工艺材料

BOOK DESIGN / INSIDE-OUT / MATERIALS

书籍装帧设计是平面设计中的重要组成部分，具有独特的艺术特色和艺术魅力。在新的时代环境下随着礼品书、电子类图书的不断涌现，书籍设计更加注重材料、工艺、结构的创新与变化。这些变化也使书籍设计需要摆脱传统的设计习惯和思维方式，并用创新的审美眼光和技术手段发现问题，解决问题。

逆向思维方式有助于设计师解决书籍设计中的一些难点重点。可视化视觉符号的概念有助于视觉整体性的提高。材料和工艺对书籍本身由内及外的发展指明了设计的方向。书籍设计也必将在新的形势下焕发出新的青春。

"RE—DESIGN"是日本著名设计师原研哉提倡的"再设计"理念。其设计思想是追求事物本身内在的存在价值，重新审视我们当下习以为常的概念并重新改造已知事物。作为"无印良品"的艺术掌门人将这种理念发挥到了极致。书籍设计是平面设计的传统门类，涵盖的内容丰富多样，设计方法大相径庭。如何在传统上创新是每一位设计师面对的永恒主题。"由内及外"本质上就是在以内容为基础的内核上进行反向思维，由易到难、由平面到立体的过程。

书籍设计的整体观

传统书籍设计顺序的弊端

　　书籍设计的主旨在于建立读者与作者之间有效的沟通，帮助读者更好地理解书籍本身所富含的精神情感和知识内容。在传统的设计过程中设计师以书籍阅读顺序为设计流程，封面、扉页、前言、目录依次展开，其本质上是一种常见的惯性思维模式。如果多项设计任务同时展开，设计师在短时间内接触到的信息量就极其有限。由于这些信息是以点状化分布而不是以面状化分布，导致设计师的设计思维容易进入到类型联想、职业联想、市场导入等惯性思维模式中去，无个性无差别的设计层出不穷，而且难以提升作品内在的文化品质。同时，设计内容非同步进行展开，设计风格难以做到形神合一，貌合神离的作品也就不奇怪了。书籍中的封面、内文、章节页在视觉上无法建立真正有效的视觉关联，形式上支离破碎必然导致读者在阅读过程中被人为降低了阅读兴趣。这样即使前期花费了大量时间精力完成的设计草案也很难得到作者的认可。这种设计模式本身就是低效而不科学的。

"由内及外"的设计优势

由上文可以看到传统设计顺序是我们在书籍设计过程中的困扰所在。不妨换一个角度审视一下作为书籍设计的核心内容，答案是显而易见的，凝聚作者智慧和思想高度以及无数实践才完成的正文是整本书的核心内核。设计师的设计流程恰恰应该是从正文开始作为设计的源点。掌握了核心即掌握了全部设计的精髓和整个设计流程的主动权。通读全文可以使设计师感悟作者的思想精华，了解文章脉络，找到合理恰当的解决方案和方法。由此可见，正确的书籍设计流程应是将习惯性的设计流程反转，先正文再章节页，后目录、封面、书函等。看一下这种流程的优势。第一，通过对正文排版，基本确定书籍大致的设计风格。设计样式是建立在核心内容的基础上，方向不会出现较大错误，减少后期的修改次数和设计上的反复，提高了效率。第二，设计师比较容易跳出点状思维带来的直接联想。发散性思维更容易提出出人意料的创新结构和创新方法，呈现的结果更能提高作品的设计水平。第三，这种反向设计方法从工作量的角度来看，将工作量最大的排版放在首位可以及时准确地发现错误所在，将改正的时机放在最初始状态，大大减少后期修改的工作难度，有利于设计师和作者、出版商三者之间的协调沟通。第四，设计师从宏观的角度去审查设计概念，书籍设计的各种视觉要素之间更容易形成视觉关联，设计方案的整体视觉效果更好。

树立严格的整体设计观

我们经常会发现一些书籍封面和内文设计是分离的,两种设计风格并存于同一本书内。除前文所提设计顺序造成的精神分离外,设计师缺少一个整体的设计视野也是原因之一。"由内及外"是将书籍作为统一的设计整体考量,避免了上述错误情况的发生。比如设计的图案和书籍内容是否吻合,阅读方式和阅读习惯是否合理,新材料和作品本身追求的精神力量可否完成时间的跨越?这些都需要设计师做出一个准确的取舍,不能因局部的精彩而忽视整体的把控。统一与变化的美学法则要求设计师辩证地观察每一个设计要素,同时设计实践也要求设计师理解内外的区别,反复的前后对比,找出设计关联的细微变化,并用一条视觉线索将设计要素串联起来,逻辑地推导出它们之间的视觉联系,使书籍整体视觉效果的丰富性和内容性展示出来。

可视化的书籍结构

可视化的视觉符号

书籍设计中的视觉要素很多,版式、图形、色彩、字体,等等,这些视觉要素需要自然而然地呈现在读者的面前。首先,设计师要将这些复杂的信息做整体集约化的处理,设计师必须能够根据书籍内容创造出一个或多个可视化的视觉形象。视觉形象来自平面设计中 VI 的概念,众所周知,VI 是为企业或团体建立一套行之有效的可视化形象标准,并将这个标准运用到企业的经营活动当中。因此,假设我们将所设计的书籍看作一个推广宣传的整体,设计师就可以根据书籍内容创造出一个可视化的视觉形象符号并运用到书籍阅读的各个环节中去,同样可以得到一个相当于 VI 形式的视觉效果。统一的视觉形象将大大提高书籍设计和阅读的整体美观程度。所以,一个优秀的书籍设计是建立在属于自身独特个性的视觉形象基础之上的。

书籍设计中的可视化形象符号和 VI 设计中的标志还是有区别的。VI 设计中的 logo 图形以矢量化图形为主,以点的视觉要素存在。书籍设计则相对随意性较大,可以是具象的图像也可是抽象的图形,再或者是符号谚语。只要能够体现书籍空间和时间精神的象征性都可以作为可视化视觉符号存在。设计师将可视化的视觉符号运用到标题、页眉、页码、海报、书函等各个书籍环节中去时,相同或相近的视觉形象不断地重复出现无疑强化了书籍设计的统一感和整体感,读者更容易通过这些有形的视觉符号理解书籍的内

图1:根据图书内容提取视觉符号,并将这个符号运用到图书中形成统一的视觉要素,可以大幅度地提高视觉的整体感。

容。这种借鉴了其他学科内容的设计方法为我们提供了一种合理解决问题的方案。吕敬人先生设计的图书《黑与白》是描述关于澳大利亚大陆和人文的故事。吕先生选择了袋鼠这一最具有澳洲形象的动物作为整本书的视觉符号,从书籍封面开始到前言、目录、正文,不断跳跃前行的袋鼠丰富了书籍的内容,同时也使整个故事栩栩如生地展现在视觉想象当中。读者在阅读过程中不断地接收到的视觉形象加深了对澳洲风土人情的理解。再比如,视觉符号也可以是抽象化的。书籍《甲骨文》(P7C 图 1)描述了中国汉字初始形成以及如何被发现。在可视化符号的萃取上,设计师选择了中国汉字的基本形状——矩形作为设计元素。我们可以清晰地观察到在页码、章节页的标题处理上以及段落排版处理上可视化方格符号的巧妙运用。大小的变化、虚实的变化、数量的变化使整本册页在统一的基础上保持了一份灵动,简洁朴素的设计风格暗合了整本书的文化气质和历史文学属性。以上两个设计都是单一的可视化视觉符号。杉浦康平先生的《造型的诞生》一书中采用了多形态的组合式符号。这本书从藏传佛教的密宗符号到现代文明的透视时空跨度很大,多重组合形态的符号适应不同的时空,视觉元素包括佛手、文字、几何图形等等。因此,尽管设计师采用的设计手法各异,但打造统一有序的整体视觉感官的初心是不会改变的。

变化多端的阅读方式

书籍由内及外的设计不仅仅局限在图形符号这样的二维空间中,更在阅读方式上呈现了三维形态的变化。最近立本图书大量进入市场,比如《香港弹起》《26 个字母》等图书,将传统阅读空间由平面变成立体,增加了读者与书籍的互动,变看书为一种交互的乐趣,让读者参与到整本书的变化过程中。书籍设计可以将书看作是一个六面体，它的六个面和内核都是书籍设计中应关注的设计范畴。

在阅读方式的创新上，首先可以考虑阅读方向上的改变。例如在一本书的排版方向上做局部的改变，可以打破原有的阅读节奏，造成一定的视觉停顿，使读者在阅读过程中由旁观者变成和设计师一起参与的游戏者，在不知不觉间增添了几分乐趣。现在许多书籍在切口处做一个贴图处理（轻压此处呈现图像），这种设计方法不再将书作为单一的平面载体，而是把它看作一个包容了大量信息要素的容器并用立体的眼光审视它。阅读顺序的反转也可以体现这种立体的设计思想。再比如一本分为上、下两册的书籍，设计师根据这一特有的书籍形态，创造性地将上下两卷用同型同构的方法通过共用封底的方式连接起来，这样的前后分化结构更加清晰有趣，利用儿童读书时皮筋串联两本书的把戏唤起更多的读者情感。类似的还有采用传统经折装、旋风装的书籍，其目的在于打破固有的阅读习惯，变被动阅读为主动参与，应说明的是这些结构的变化要建立在书籍由内及外的设计基础上。

可视化的书籍图表

书籍由内及外的设计方法除了装饰性的符号，更关注设计书籍本身内容的可视化。如果用一个更宽泛的视角来审查书籍设计，相当多的儿童类书籍、金融类书籍和科普类书籍包含了大量的图表。在国外有专业的图表设计师，目前国内不具备这样精细化的分工，设计师需要完成相当数量的图表设计并把枯燥的数据转化成一种易读的图形语言，更好地把信息传达给读者。

比如刘姥姥进大观园路线图表由一个点辐射到整本著作。从这个图表我们可以更加直观地了解大观园的院落格局，进而判断人物身份的等级，并从进入大观园路线的变化折射出小说中人物命运的改变、贾府的兴衰。原著比较抽象的描述可以更加具体地反映出来。杉浦康平先生利用数据对航空运输繁忙的程度物像了一个全新的地球，原本椭圆的地球变成了一个向内凹陷的"土豆"，越是航空线路密集的地方就越向下沉降，反向等高线使这些地方下陷。读者会对图表中所包含的信息内容有更加清晰的理解。

由内及外的工艺材料形式

整体推广对书籍材料的内在影响

书籍由内及外物化于书籍加工生产的各个环节。今天开放和竞争的图书市场促使设计师在材料和工艺上下功夫，其实精装书的护封和腰封就是在早期市场竞争中诞生的商业推广手段。"颜值'对书籍设计的作用同样很大，如果封面是一本书的"脸"，正文就是一本书的"身体"，它还有一个外套叫"书函"，所以拥有良好体型的"书"才会得到读者的青睐。设计师在材料方面进行了大胆的艺术尝试，使《甲骨文》（F75 图2）这本历史文学性图书体现了当代的艺术审美。皮绳引自古老的结绳记事，原始感十足的石珠和木纹质感的书函将时间性和空间性淋漓尽致地体现出来。书函的设计源于殷商时期的青铜器造型，简洁而又有力量感。读者可以在阅读和拆解整本书的过程中体会书籍本身的文化价值和收藏价值。

图书阅读本身就是一种调动身体多种感知器官的艺术活动。日本设计师提出的"五感设计"强调将视觉、听觉、触觉、嗅觉、味觉的多重感受叠加应用。电子类书籍已经将视频和音乐加入到整体设计当中，强调了动态感应和听觉享受。传统书籍设计更加强调纸张的材料触感和嗅觉感受。纸张本身的质感通过手的触摸传递到大脑可以激发人的神经细胞，这也是我们感知世界的基本方法。触觉和视觉一样可以分辨不同的感受，粗糙的、光滑的、软的、硬的，都会和视觉一起影响我们的阅读情绪。由内及外的设计思维需要全方位地体现书籍的内涵，因此材料的重要性就是必不可少的要求。设计师小马哥、橙子设计的获奖图书《守望三峡》，裸露的书脊和轻型纸的使用体现了当地人们的生活诉求和生活方式；朱赢椿设计的《不裁》采用原始的牛皮纸和草纸体现文章的清新自然和语言的质朴；工具类图书《印谱》集成了大量的印刷工艺实践和特种纸张。这些都是今天书籍显得更加生动精致的原因之一，也体现了设计师更多的人文关怀。

礼品书的发展方向

互联网改变了许多行业的发展模式，物联网的发展必将催生远程服务的大量应用。以往大批量的生产被定制化的模式取代。书籍生产逐渐走向小批量、高端化、专业化的道路。瞄准精准人群的小批量加工方式使书籍设计向礼品和艺术品方向上迈进。从德国莱比锡获奖图书中可以看到新材料和新工艺大量出现在图书设计中，图书礼品化和附加礼品的设计改变的不仅仅是令人夸张的图书开本，更把书籍由单一的文化知识载体转变成特殊的文化工艺品。如《梅兰芳戏剧史料集》运用了大量的戏剧史料和工艺技术，已经超越了书籍本身的信息承载，开始呈现出古典书籍才会显现的艺术品价值。一些关于私人手札和传记影像的书籍将主人的热情通过礼品的性质赠送给私人的朋友，如著名华人建筑设计师贝聿铭的私人影像《贝氏宝本》就是典型代表。

本书记录了大量贝聿铭先生的私人图片和设计草稿及成长经历,是贝先生作为私人礼物赠送的礼品。虽然这类书籍的制作成本相对较高,但市场对此类产品的潜在需求要求设计师必须深刻理解书籍的工艺技术和体现内涵的设计方法。

　　书籍的由内及外设计思维是一种探索书籍设计过程的方法和经验的总结。它基于书籍内容,强调文化内涵,打破传统的线性思维模式。通过一种逆向的思维流程探讨书籍设计的本质。设计师应当根据自身实践因地制宜地创造出更多更好的设计流程和设计方法,书籍装帧设计才会有更广阔的发展空间和鲜明的时代艺术特点。

图2:利用不同的材质体现设计的温度,调动所有的感知器官去触及这个世界,增加阅读的吸引力和愉悦感。

第五章 / 字体结构、笔形、细节

THE FONT DESIGN OF STRUCTURE, SHAPE AND DETAILS

字体 / 结构 / 细节

FONT / STRUCTURE / DETAILS

字体是视觉传达中重要的信息符号和视觉载体。字体设计是一种追求高度细节化和准确性的设计形态。字体设计中的结构、笔形、细节是构成字体的三大视觉要素。字体表现形式多种多样,每一位平面设计师都必须仔细揣摩文字的视觉表现并加以个性化创造。本文主要讨论字体在设计过程中的细节把握与整体视觉感受的调整方法,以及字体的三大视觉要素之间的相互关系,用一种立体的视角层层解析字体设计中的普遍现象和内在逻辑。

达摩祖师在弘扬禅宗教义时以"骨、血、肉"比喻其徒对禅宗佛法参悟的程度。在字体设计中，我们将字体结构谓之"骨"，字体笔形谓之"肉"，字体神态谓之"血"。一款好的字体须将"骨、血、肉"三者贯通一体，使其有型、有神、有气。如松涛崖柏、灵石秀水，气韵生动，大巧若拙。

字体设计中的骨骼

字体设计之字形结构

"骨"指的是字体的基本骨骼框架，构成字本基本的识别结构。在字体设计中，字体设计的成败取决于设计师是否对字体骨骼有着精准的把握。中国传统绘画中提倡"骨法用笔"，自古书画同源，可以说得其"骨"者得其法也。那么怎样的字体骨骼才是符合字体设计要求的"骨"呢？首先，对于汉字来讲，要正确地拆分字的间架结构。分析字体构成对于合理分布字体框架在空间中的布局是极其重要的一环。汉字大致可以分为左右结构、左中右结构、上下结构、上中下结构、包围和半包围结构、独体字这几种空间分布形式。形成文字的每一个笔画的起始位置和长短对于字体骨骼起决定作用，在字体设计或创作过程中可以根据字体骨骼在空间分布的原有位置、大小、比例关系安排其在矩形空间中的位置。其次，判定设计字体基本结构的好坏可以采用负形验证的方法。应仔细观察庄笔画正形挤压而形成的负形形状。如果负形的形状有相似性并且没有巨大的面积差别，说明字体骨骼结构是合理有序的。反之，字体骨骼负形出现了较大的面积差别，基本可以断定字体正形笔画在位置高低、穿插呼应关系方面存在不合理的情况。需要特别说明的是字体设计是一种精确度要求很高的设计项目，减少误差就是减少字体放大后变形的概率，它对距离和位置的调整是以十分之一毫米为单位计算的。设计师需要长时间的练习和磨炼才能体会其中的细微差别，只有做到准确再准确才能得到完美的字体骨骼结构。

创建具有个性化的字体结构

　　创意字体和字模字体都需要在创作上有新的突破，这样才能得到艺术的原创性和个性化，并且通过个性化提高字体的识别率。创建具有个性化的字体骨骼可以从以下几个方面考虑。第一，改变外框架的基本形状。正常的汉字以方形为基础，当我们把文字框架的比例关系由原有的1∶1改为2∶1、1∶2、3∶1、1∶3等后，自然可以得到一个和原有框架约束不同的骨骼结构。应注意的是创新的框架结构应采用严格的数学逻辑比例关系。例如黄金分割比例、贝塞尔曲线比例等可以使字体看起来更加美观。随意性很强的框架比例改变使骨骼结构难以符合相应的美学法则和视觉关联。第二，改变字体结构中偏旁部首的比例分布。汉字已经在长期演变过程中形成了固定的骨骼分布位置。设计师可以尝试将这个布局关系做适当的突破。比如，将字体结构中的偏旁部首进行适当的位置挤压，夸大非部首部分在字体中的面积，在保持原有识别性的基础上可以获得风趣幽默的字体效果。当然这种骨骼变形也有一些条件，比如上下结构、左右结构比较容易实现，其他字体结构存在一定的困难。所以，字体设计师应充分认清所创作项目的可变量大小，才能制订合理的解决方案。第三，适当延伸字体中宫。如果将汉字用九宫格分析的话，正中间的位置就是汉字的中宫。中宫大小的变化也能改变字体的骨骼关系。对于大量应用于正文书写的字模字体来说中宫的大小格外重要。字模字体使用量巨大，单一使用的频率又低，面状化和线状化是它在平面设计中出现的主要形式。设计师适当放开字体的中宫，字体就会向外呈现一种扩展形态。反之，收缩中宫字体就会收缩。根据这个特点，字体较小时应放开字体中宫，字体较大时应收缩中宫。在视觉上字体就会出现小字显大、大字紧凑的效果。

消除字体骨骼的视觉误差

多数情况下设计师面对的字体设计项目要求都在三个字以上。在字的骨骼定位中必须观察文字左右并且将所有文字作为一个整体设计加以考虑。除了最常见到的基本结构，汉字还存在大量的独体字结构。这些文字不能简单地分析比例关系，应注意它们在应用时的变化。独体字因其形状特殊，往往存在放大和收缩的两面性。菱形结构的字相对向外扩张，全包围的字要相对向内收缩。只有坚持细致入微的观察才能发现其中蕴藏的奥义。英文字体的误差取决于字母基本外形轮廓所造成的视觉误差。同等面积的圆形要比矩形看起来小，因此圆形字母要做放大处理。三角形字母在一定程度上处于收缩状态，所以在字母与字母组合构成的单词上字母之间的间距不能相同。方形字母与圆形字母或三角形字母的字间距小于方形与方形字母的间距才能保持视觉上的统一性。这是英文字母骨骼固有的特点。即使我们将英文字母中的圆形字母设计改为矩形，也要做适当的横向拉伸，这个很细小的变化才能消除字母间的视觉差。

字体设计中情感丰富的"肉"

表达个性情感的笔形

　　字体结构的基本框架为骨骼，组成字体笔画的笔形就是字体中所谓"肉"的部分。字体基本结构决定了字体的识别度，作为笔形的"肉"则决定了一款字体的应用成熟度。许多设计师往往只是完成了字体的基本骨骼，忽视了笔形变化带给字体的细腻而丰富的情感变化。所以，只有在完成骨骼构架基础上增加笔形才能使设计字体具有层次感和美观性。构成笔形基本特征的笔画可以用"永"字八法来作为基础笔形构成。一款具备实用性的字体应包含正常、加粗、较轻三种笔形形态。微软雅黑字体在表现上和使用上要大大超过我们通常使用的国产字体。这提醒我们现代字体设计需要更多地考虑字体应用的前景和实际要求。

　　根据汉字笔画基本特点参照可以大致将笔画分为点类、竖类、横类、撇类、弯钩，每一类型的笔形都要考虑创意点对字体笔画的设计要求。比如，同一基本骨骼的字体，如果把它的笔画设计得很粗壮，那么带给人的视觉感受就比较有力量感和阳刚之气。如果我们把它的笔画设计得较细，那么这款字体立刻就会变得秀气而灵动。因此，除去骨骼决定字体的个性，笔形无疑也是决定字体性格的重要因素，甚至在某些时刻笔形更能反映一款字体的个性。

创建合理的笔形形状

笔形设计的难点有两个。其一，建立合理的笔形形状。多数字体设计师在创立笔形的过程中只局限于局部的图形变化，笔形与笔形之间缺少必要的图形关联性，也就是图形与图形之间的图形近似性。以宋体字为例，水滴状的点形与刀状的撇在图形语言上具有锐角相似性（同时具有类似的尖状图形）。横在起笔处形成的三角形也同样具有上述图形特点，竖在起笔处有顿角尖的出现。尽管每个角的具体形状不尽相同，但可以感受到这些笔形之间的视觉联系。笔形之间的关联度越高，文字的视觉整体感就越高，视觉效果也越好。反之，难于统一会显得支离破碎。单字在设计中应考虑整体变化的需要。以环境艺术（图1）为例，可以清晰地看到每个单字内都有一个近似的弯钩笔形出现。其二，笔形创意的难点在于打破常规。汉字的基本字体宋体、黑体、综艺体的笔形是绝大多数笔形变化的基础。这种结果造成多数字体的个性不够突出。字体的丰富性在于笔形的个性化，方正柏青体虽然基于书法字体变形，但我们仍然可以发现原字体的大胆创新，传统的横细竖粗被打破反而有了更生动的情趣。笔形设计可以与图形结合，宋体本身结合了相当多的图形变化，古人造型的创意思想完全可以为现代设计所借鉴。当然笔形在创作时要与文字本身表达的含义结合才能生动合理。脱离意义只是为了创新而创新，反而削弱了字体本身的识别性。

图1：笔画重要的是建立图形之间的相似度，我们很容易从这个设计中发现视觉规律。

笔形的文化属性

笔形是字体设计中变化最多的视觉表情，不同的笔形可以反映设计字体的情感。字体设计不是设计师天马行空的想象，它必须遵循一定的视觉规律。所以笔形创意的出发点应是字体的文化属性。如飞白的笔形设计往往能给人带来刚劲有力的中国民族特色，弧线笔形可以使字体变得温柔娇媚，斜线笔形带给人速度感和运动感。在笔形设计上也可以大胆借用硬笔书法的连笔处理，适当地简化笔画，使笔形充满行云流水般的流畅感。好的笔形设计应该方圆结合、柔中带刚，将汉字中字体的力量感、文化属性充分表达出来。英文字体符号化远远大于中文字体，它的文化属性更加依赖结构和细节的表现。大多数英文字母的笔形变化和抽象图形相关。

字体设计中的"血气"

字体设计中的细节表现

"血"是一种流动的液体，悄无声息却蕴含能量。字体设计中的形神兼备和精气神都是通过字体的细节来表现出来的。这些细节虽然很微小但却是整个字体的"血气"所在。字体设计的过程大致分为三个阶段：起形—骨骼、整体—笔形、局部—细节。三个环节缺一不可，缺少了细节刻画，字体的层次感就会削弱，给人的视觉感受就会很"薄"，更像一幅未完成的作品。最后阶段的细节刻画往往是整幅作品中最精彩和最有神气的地方。如果字体笔形上的细节一带而过草草收尾，在实际应用上往往会造成不必要的麻烦。举个简单例子，作为现代字体的代表——黑体字看上去就很普通，横平竖直变化较少。事实上，黑体的基本笔形在创作时笔画两端会有一个微微扩张的结构变化。这个结构保证了黑体在印刷字号5磅到10磅时保持了字体的挺拔状态。如果取消这个结构，当字号较小时印刷油墨与纸张结合后就会吃掉字的一部分，字体两端就会收缩，整个字体横竖的视觉感受就会大打折扣。所以基本笔形全部要求尺规作图完成弧度切分，不是偶然而是字体设计要求的必然结果和设计规范。

提升字体的精气神

字体细节应该在以下方面作为刻画重点。

第一，笔形刻画。笔形是字体设计中"肉"的部分，有"血"有"肉"的字体造型才会大气磅礴。通常"血肉"二者之间联系紧密。以宋体为例，汉字横平竖直的特点使细节变化的处理往往是在一个基本笔画的起笔和收笔的地方。宋体的横在起笔处有一个小的钝角，在收笔处有一个大的钝角三角形。宋体固然借鉴了楷书的运笔方法，但不可否认的是这种变化在黑体上也同样存在。综艺体虽然看上去不是很明显，依然有入笔时的斜角。这些信息提示我们在设计创意字体的时候，笔画的两端要做到细节的变化，不能平铺直叙。下面这个例子也能很好地说明（P86图2），原字体在设计上缺少细节处理，见棱见角显得生硬，除了基本结构和笔画，缺少层次感和文化性。设计师在调整的过程中在每一个笔形处都做了一个小的圆形倒角，这样字体就增加了一种传统水墨的温润感和流畅性。字体调整前后的成熟程度产生了巨大变化，原有字体所缺少的层次感和文化性在细节上一点细微的改动后马上跃然纸上。

　　第二，细节上的呼应。细节处理不是简单地在笔画上加个圆或加一个倒角，抑或是进行局部连接或延伸，还要考虑每个笔画自身特征并结合汉字的基本特点。例如横竖的比例关系，比例过大倾向于古典主义风格，比例接近则倾向于现代主义风格。由于人眼睛的原因，横竖的宽度永远不能相同，横会比相同宽度的竖看起来更宽。笔画数目不同的汉字并列一起时，单个汉字之间的笔画宽度同样存在差异。笔画少的字要比笔画多的字粗一些才能取得视觉上的平衡。横增加了细节变化，意味着竖和其他笔画也要做相应的细节处理。撇在处理时应仔细确定开合的角度，角度过小字体就会内收，角度过大字体就会松懈。不同的撇角度也不能完全相同，它们之间是一种近似而非相同的结构。强行划一会使字体的负形大小显得差别过大。这些细节调整是字体设计中最漫长的部分，也是最能体现设计师水平的地方。

英文字体的细节

　　英文字体是当下绕不开的设计课题，相对于中文字体，英文字母的细节调整主要集中于一些弧度和宽度的变化上。例如，大多数古典字体中字母 O 为一个椭圆形而不是我们概念中的正圆，椭圆有更好的平衡感和视觉稳定性。

图2：汉字的结构很特殊，它并不能完全像西方字母文字那样强行统一，相对于每个汉字来说都有其自身的特点，和而不同才是汉字结构的特点。

外圆和内圆分别是两个不同的椭圆,形成字母的线条就会有由粗到细的变化,字体才会动感十足。再比如,几乎所有的衬线体都在衬线的角上有一个微小的圆形倒角而不是尖锐的锐角。非衬线的字母笔画宽度上同样尽量应避免横竖完全一致,视觉上才会有起合转折的变化。字母的倾斜线也会因字母宽度的不同要求改变倾斜的角度,S这类字母不会平均分配上下两个半圆面积。优秀的字体设计需要把这些因素综合在一起考虑细节的变化。

字体设计是基础中的基础,设计师都渴望新的字体不断出现,字体在设计中的重要地位也是无法撼动的。"骨、血、肉"从一个解构的角度观察字体构成的基本形态和基本规律,探索字体设计的基本方法和整体的视觉关联,促使我们思考未来字体设计新的发展。

第六章 / 汉字符号为媒介的文创产品特质

THE CHARACTERISTICS OF CULTURAL AND CREATIVE PRODUCTS BASED ON HANZI

符号 / 文创产品 / 特质

SYMBOL / CULTURAL AND CREATIVE PRODUCTS / CHARACTERISTICS

从符号学的角度寻求特定文创产品创意设计思维的拓展维度，并根据汉字图形元素的多重视觉因素，发现其文化创意产业模式下的文化背景和民族基因。汉字的字形、笔画为创作提供了丰富的视觉素材和创意原点，风格迥异的艺术风格造就了设计的无限可能性。文化决定艺术厚度，思维决定艺术深度，以汉字为视觉符号的文创产品带给人的是民族文化的自信和对未来美好生活的无限向往。

汉字作为中华文明的有形符号，其图形价值和美学价值得到了全世界的认同。近年来，以汉字为创作载体的文创产品也在不断地快速增长。这些产品内容丰富多样，极大地扩展了汉字的应用空间，使汉字摆脱了文字符号这一单一认知功能的束缚，将汉字的形、神、韵作为一种精神气质和产品功能有机地融合在一起。

汉字文创产品的实质

汉字文化创意产品是将体现文化内涵的文字作为具有代表性的象征符号经过提炼运用到各类设计中去。在设计作品充分发挥功能的同时，让消费者透过文字感受到其背后的文化内涵。作为文化元素的提炼，不能简单地、生硬地将汉字作为图形符号放置在产品上，而是利用设计手段自然而然地使用，呈现自身的语言信息，体现中国的文化语境。按照功能划分可以将其划分为三类产品，即核心文化产品、外围文化产品、延伸文化产品。但无论哪一种产品都是功能价值与观念价值的统一，是文字符号学的体现和世界认同观的建立。

汉字图形符号的双重性因素

汉字符号的显性因素

汉字的显性因素是由汉字本身的图形美学、符号学等因素构成的。汉字的图形构成因素是结构和笔形。隶书的端庄、楷书的气魄、行草的神韵，首先是在字体结构上展示出不同的形态。同时，点、横、竖、钩、提、撇、捺，这些不同的笔画又因字体的不同呈现出截然不同的艺术风格。印刷字体与书法字体不同，它在字的结构要求上追求统一。宋体保留了书法的运笔，黑体和综艺体等又将现代时尚气息传递出来。还有一些设计师创作的个性字体，也非常具有图形个性。如著名设计师洪卫设计的呢喃体，在字体里面暗藏了许多鸟的笔画形状，给字体赋予了对生命的感叹。这些构成字体的曲线、直线、弧线，平实和飞白可以通过眼睛观察到的视觉信息，就是汉字符号的显性因素。

汉字符号的隐性因素

　　汉字符号的隐性因素有两点。一是文字本身的功能因素。文字本身就是文学的载体、文化传承的符号。每一个汉字都有其固定的含义，它们有的意蕴丰厚，有的绵延宽广，超越了字意的本身。如"福、禄、寿、禧、财"这几个字就代表了中国特有的吉祥文化、祈福文化，是中国人对美好未来的憧憬，也是中国设计师经常采用的创意点。如洪卫的祈福系列海报，"福"字与"平安"两个字进行了结合，将"平安是福"的概念很好地表现了出来。二是汉语本身语言文化的丰富性。我国地域辽阔，气候多变，形成了多样的地域文化和千差万别的方言俚语。比如粤语中的搞掂、炒鱿鱼、打边炉，北京话中的筋道、搓火儿、消停。这些都有其鲜明的地方性和局限性，也是其特有的隐性文化标记。设计师利用其文化的丰富性和通俗性，将其植入到设计应用中会产生一定的亲切感。

汉字符号文创产品的创意元素

汉字与图形的结合

　　汉字离不开中国农耕文明的文化土壤。汉字本身就是象形文字，它是先人对自然的客观描述和抽象思维的综合产物。与西方字母抽象的符号性表现相比，汉字更具有图形、图像的特点。这种图形是中国人智慧的再现，从某种意义上讲，它更像是设计的再现。以石昌鸿的二十四节气为例，该作品将文字与图形结合起来，字是图，图亦是字。比如立春这个节气，"立"字的横笔变成了树枝，点和撇则化成了嫩芽，似春天中柳枝吐芽，充满了生命感和勃勃生机。"春"字则将撇、捺两笔转换成了树根，日字旁借助了回型纹的传统图案形式，同时，也是对季节变化最为敏感的动物——蛇。该系列作品运用了当下流行的动态图形技术，把中国传统文化中的节气制作成现代手机推送的祝福图片，采用的是汉字显性因素的创意手法。类似的作品还有石昌鸿的城市系列，也是将旅游城市中的标志性景观或者特色食品和城市汉语名称做有机融合，将地方的人文信息和名称通过图形的语言淋漓尽致地表达出来。其他常见的图形形式就是汉字的笔画图形。笔画形状是汉字最能体现情感的视觉元素，也是非常具有东方韵味的视觉元素。深圳字在文化公司在2017年深圳文博会上推出了文化茶系列产品。以二十八个中国汉字笔画为原形，甄选一级茶品，运用特殊工艺将不同品种的茶压制成笔画形状。饮茶时将笔画茶置于容器中，笔画形状的茶在高温作用下慢慢融化，使用者在饮茶的同时品味中国文化。在视觉上构建了新的创意元素，在功能上又有了新的创新，这是一款成功的字形文创产品。该公司还推出了真爱对戒作品，也是将汉字笔画刻在戒指表面。男戒刻上女生的姓氏笔画，女戒刻上男生的姓氏笔画。材质采用电镀玫瑰金与电镀铂金。寓意真爱承诺，有字为印。戒指风格追求简约大方，非常具有创意性和强烈的文化属性。

以汉字的文化价值为媒介

　　汉字除去文化符号的作用，还有深刻的文化内涵。这种内涵是中华文化本体的反映，是中国人精神世界的现实投影。例如，对美好事物的追求，对自然的崇拜，对生命的赞颂，等等。它是以一种比喻的形式出现的，是内在的、被物化的文化元素。符号本身与传递的内涵有着密切的联系。我们可以从文字的背后感知到更多的文化本体。以百家姓胶带为例，该产品收集了300个中国姓氏，并在中国历代书法大家碑文字帖上集成了各种书体，选取了其中最精华的书法作品以单一姓氏制成一卷。所以既是胶带，也是书法欣赏。有功能用途，也有艺术欣赏价值，有强烈的个人识别性。百家姓胶带在创意上采用了原研哉的设计理念，让熟悉的东西陌生化，换一个角度观察世界，重新赋予产品新的功能。百家姓胶带在工具的基础上增加了中国的姓氏文化和书法艺术，是用具更是玩物。当我们对祖先的崇拜转化成姓氏崇拜的时候，文字就显得弥足珍贵了。台湾"故宫博物院"出品的"朕知道了"文创产品也是利用了文字后面的历史背景加以演绎而来的。镇纸是中国古代文房用具之一，心经镇纸采用香樟木为原料，将中国活字印刷的铅活字嵌入其中。在镇纸上呈现了中国伟大的技术发明，以中国千年活字文化完美呈现经典的佛经。每一枚活字都是可以触摸的佛语。《心经》是佛经中字数最少的一部著作，但含义最深，传奇最多，影响最大。心经置于镇纸，置于案间，静心宁神，佛家、儒家文化与中国古老的发明浑然一体，合于古老的器物中，代表了中国人的精神世界。这件作品不流于表面形式，而是挖掘其深层次的文化内涵，用汉字的表意支撑创意基础，用金属的冷峻与木器的温润做视觉对比，非常具有东方文化的意味。筷子是最具有中国文化的代表器具之一，是中国人对杠杆原理的巧妙运用。"双喜筷活"用合金制作的喜字分别置于两根筷子的头部，合在一起代表双喜临门。在中国民间的吉语中，筷子还有成双成对、永不分离之意。"双喜筷"既是中国人快快活活过日子的美好愿望，又是利用汉语的吉字将喜庆之意集于其上。同时，金属的高光质感提升了材质的高端和用料的扎实。"珠联璧合，早生贵子"的理念也使其成为很有文化价值的礼品。从以上的实例中我们可以看到，汉字的文化隐性因素在这些文创产品设计中所起到的至关重要的作用。

汉字形态多维度的呈现

听、说、嗅、触、观是人的基本五感，也是当下设计界公认的设计方法之一。五感设计本质在于通过人体不同的感觉器官感知世界，从而诱使消费者通过一系列的心理活动将信息相互联系在一起；大脑根据以往的生活记忆进行信息比对，相互交织而成一幅宏大的图景。汉字不仅可以看，也可以通过其他方式感知。木活字凸起时的手感，石刻碑字凹陷处的力度与岩石的坚硬质感，宣纸上松墨所留下的阵阵墨香，都是设计的一部分。设计师将这些外部刺激作为信息的印象前提，有目的地进行干预组合，生成全新的意识形象就是新的设计形态。北京新雨品牌在2018年中秋节发布了活字印刷诗赋月饼，该产品以月为灵感，诗句为载体，活字印刷为体验。每一个小月饼是一个印刷活字，组成起来就是一首题为《月映中秋》的诗。该设计的突破在于首先将味觉感受作为设计灵感的出发点，与大多数将月饼重新包装的设计不同，并对月饼本身进行了口味的改良。味觉上的信息传递也是设计的内容。为了更好地制作模具，单独设计了二十四个汉字，这样压制出来的月饼字体更加清晰准确。包装盒分为上下两层，题目和内容分开依次展现，活字印刷文化的厚重感油然而生。在纸张的选择上以干净纯洁的白纸为主，通过印金、烫白、起凸工艺增加细节质感。再利用打开包装的过程完成一整套活字印刷的体验。而内附的包装纸则可以通过用蜂蜜涂抹洒金粉的方式来完成整首诗的印刷体验。该设计在互动性、材料、多重感知性上进行了大胆的探索，将文化通过文字、题诗、印刷等各个角度与用户体验牢牢绑定在一起，在创新上极富开拓精神和实验精神。字在公司独家定制的活字印章系列可以由顾客随机挑选一至三个铅活字放置在相应的木匣中变成活字印章。在每个人的生活中都有对自己而言意义非凡的词语，我们对它有着一种情愫，或是名字，或是乐趣，或是态度。每一粒铅字都保留着岁月铅华的余温。这种产品将私人定制的概念引入其中，将用户体验感受放在首位，给人以温馨的心理感受。用户还可通过印章将带有鲜明个性印记的符号留在不同的纸张之上，享受不一样的趣味和快感。

汉字符号文创产品的设计定位

差异化定位

　　汉字文创产品是基于汉字这一文化符号的创意产品。与通俗文创产品不同，它拥有着特有的中国文化特征和中国精神，这是它区别于普通文创产品的主要特点。从设计的角度上看，它必然只能附着于具有文化品质、民族特色的产品之上,对器物本身的艺术性和民族性有着很高的艺术要求。从消费者的角度上看,汉字文创产品是消费者体验中国文化的生活方式。在文化元素的提取上,必须有原创性和创新性,且能够和当下的生活方式产生互动,增加产品的使用率。从市场的角度看,汉字文创产品属于高端文化消费品。在材料上应选择能够体现其价值的优质材料,如高尚的木料、贵金属、考究的纸张等。工艺上的加工制作要保持高质量的水平,并采用具有一定技术难度的加工方法提升产品的价值。

集约化定位

任何产业化的链条都离不开分工合作。首先,文创产品需要设计、加工、销售等多重环节,不同的设计公司应组成设计联盟共同推进产业化进程。如字在公司推出的汉字系列产品就将洪卫、陈楠、岳昕、王序、顾正友等著名字体设计师集合起来,将其作品开发成不同系列的文创产品。在一定程度上也通过设计师迥异的艺术风格丰富了产品的内涵。其次,汉字文创产品应注重系列化产品研发。单一产品在市场上缺少竞争力,系列产品可以向不同喜好的消费者提供更多类型的选择。最后,汉字文创产品应强化品牌意识,用品牌的力量进行产品推广,扩大影响力和知名度,对产品进行更好的产权保护。

汉字是中华民族五千年的历史记忆,是人类非物质文化遗产的精华之一。汉字文创产品通过创意把文化符号转化成产品,融入我们的日常生活当中,提升了我们的生活品质,推广了民族优秀文化。透过对汉字的深度发掘,我们可以寻找到一条新的文创产品的创意途径,实现文化内涵和精神追求的双重升级。

第七章 / 从拉丁字母演变看中外字体的共生关系

THE RELATIONSHIP OF CHINESE AND LATIN FONT FROM THE EVOLUTION OF LATIN ALPHABET

拉丁字母 / 视觉关系 / 字体的匹配

LATIN ALPHABET / VISUAL RELATIONSHIP / FONT MATCHING

文字作为东西方文明的反映和信息交流的载体，在当下的国际交流中越发突显其地位和价值。尊重两种文字的使用规范和使用法则，才能奠定中西两种文字混合使用的基础，才能准确地传递文字信息的能量，才能体现出不同地域的文化属性。文化的混合导致了语言的混合，全球化视角下的文明正在相互影响，正确地使用文字是文明相互尊重的基础，也是中国文化走向世界的必由之路。

文字作为信息记录的载体，从图形到符号，从装饰性的转折衬线到现代的弧度直线，在人类知识文明传播过程中扮演了重要的角色。今天，互联网时代让不同时区、不同民族、不同文化的多元信息交织在一起。人与人之间的交流变得快速便捷，不同的文字信息相互渗透，相互影响。我们可以在贝克汉姆身上看到中国汉字的文身，也可以在中文中发现 VS、PK、diss 这样的英文单词。与早期中国将英文译成汉字或通过新造汉字翻译不同，今天互联网生活下的我们似乎更加喜欢用英文直接表达。这不仅是我们多年英语教育的结果，更是对当代文化相互影响的一种反映。我们不再喜欢有配音的进口电影，热衷于原汁原味的西方文化的直接表达。在这样的背景下，中文和拉丁文同排越来越多地出现在我们的日常生活中。与以往纯粹的中文排版或纯粹的英文排版不同，两种不同文字受其字体变化的影响，在形状、间距、行距、段落方面的差异迥然不同。只有恰当地掌握其各自的属性才能更好地获得阅读体验和视觉审美。

从拉丁字母的基本分类分析其差异

从古代埃及发明的象形文字，到古希腊字母，再到罗马时期和文艺复兴、工业革命时期，拉丁字母逐渐在世界范围内广泛传播，这是今天我们无法回避的一种现实存在。拉丁字母是由罗马大写字母和文艺复兴时期的卡洛琳小写字母结合而成的。罗马体则是拉丁字母的一种类型。拉丁字母的分类还包括我们熟悉的意大利体（电脑软件中的斜体）、歌德体等。意大利体模仿人的手写形态，歌德体更多的是笔画加粗。今天从更大范围讲拉丁字母还包括阿拉伯数字和罗马大写数字（X、C、L等）。拉丁字母主要形成于文艺复兴时期，和现代的字母形象有很多不同，它是一个演进的过程。例如最初只有21个字母，今天由于发音的需要演变成26个字母。从形式上看，拉丁字母可以划分成衬线体和无衬线体两大类。

衬线体由于不同时期又划分成许多不同的类型。我们大致可分为旧体字型、过渡体字型、现代体字型三类。旧体字型是源于人文主义的古典字体，字体的衬线有一种明显的内凹处理。整体上衬线都进行了圆化处理，没有真正意义上的锐角。整个字体具有圆润且较粗的衬线。字母有明显的粗细变化，例如Venetian字体，字母e是向右上角倾斜的，如联想的Logo中的e，字母o则是向左倾斜。视觉表现上比较复杂，字母的升部（小写字母出头的部分）高于大写字母。过渡体字型是拉丁字母第一次使用的印刷字体。它在最大限度的可能上保留了旧体字型的大部分特点，比如衬线，向左倾斜的字母o，和旧体字型不同的是衬线相对平直，导角弧度并没有旧体字型那么大，字母升部高度与大写字母高度相同，主要应用时代是西方的巴洛克时期，代表字体Caslon。现代体字型则是按照比例构型设计出来的，如果说旧体字型和过渡体字型拥有了更多人文主义色彩，那么现代体字型更多的是建立在手写工具的基础上，早期的鹅毛笔、平头笔等工具是它设计的基础。现代体笔画对比更为强烈，衬线极细甚至变成直线，字母o变成垂直型。今天我们看到的大多数字体源于现代体，字母衬线没有弧度的导角和内凹，大写字母高于小写字母的升部。字母形状整体上偏窄，衬线的粗细变化随着时间越靠近现代越粗壮有力，例如字体Courier。

无衬线体和衬线体相比来说最典型的特征就是去掉了衬线，还有和衬线体相比是字母横竖弧线笔画粗细接近，没有衬线体那么粗细变化明显。后期日本率先在此类字体的基础上研制出了黑体字，一直到今天被我们广泛使用。

无衬线体在某种意义上来说非常接近今天扁平化的概念。无衬线体分为两大类，一类代表是 Helvetica 这类字体。字母主要由几何图形构建而成，标准的圆形和圆形弧度，横平竖直呈平直形状。第二类代表是字体 Gill，这类字母受过渡体字型影响，在收笔的地方有粗纸的变化，不像纯几何非衬线体那样平直。字母 o 略扁，不是纯几何的圆形。另外，还有一些字体既不是衬线体也不是非衬线体。比如，纯装饰性的字体 Display，过于装饰性的洛可可式纹理不能用于正文排版。还有一类模仿手写的字体如 Script，模仿连笔字，倾斜角度很大，应用范围较窄。哥特体这样个性鲜明的字体在现代媒介中由于可读性差多用于标题。所以，我们大致可以从衬线的变化来判定这类字体所处的年代，观察字母的变化来确定字体的时期，字母升部和大写字母的高度确定古典和现代。

拉丁字母间距的变化和阅读的关系

与汉字单独每个字表达意思不同，拉丁文是以字母组合形式来完成词组的。这使得拉丁文比汉字在排版上多出了一项字母间距调节。在古登堡时代铅字印刷字母排列在一起，由于每个拉丁字母的形状不同，所占的空间差距也很大，如字母 w 和字母 i，这是拉丁文固有的特点。拉丁字母大致可分为三种形状，即三角形、矩形、圆形，三角形又有正三角形和倒三角形，大写字母与小写字母放在一起又会产生字偶间距。凸版印刷时期是通过增加印条来改变字母之间的间距。今天，我们可以在 InDesign 这样的软件中设定字母间距变化。当然，Adobe 公司在 InDesign 这样的软件中已经设定了许多默认值。但是设计师仍然要对字母间距保持高度敏感。因为今天很多 Logo 设计中存在单词组合关系，字母间距的错误犹如汉字里偏旁和部首的分离一样是西方人难以接受的，正如我们无法接受汉字里面的结构错误一样。除了上面所述的字母三种形状，还有特别要注意的字母 w、x、k，不同形状的字母组合起来的时候，外形不同造成了字母间距的差异化。圆形字母属于外凸形字母，所以它的面积大于其他形状的字母，间距要略微偏小。三角形字母由于形状的特殊性，字母间距也要小于其他字母，如字母 A、V、Y。半圆形字母如 D、R、P，则根据左右形状不同采用不同的字母间距变化。拉丁文有大小写之分，小写字母与大写字母相比字母间距要更加紧凑，小写字母还要考虑到字母的升部和降部的影响，比如 f 上面出去的部分对下一个字母位置的影响。尽管小写字母的字间距不像大写字母那么明显，但是还要考虑一些细节的影响，比如 r 和 m 放在一起，间距过小会像是一串 n 的组合。事实上，由于拉丁文字体种类的繁多，类似这样的细节调整形式可能高达几十万种。设计师应首先判断其用在标题还是正文排版，或是 Logo 上的字体组合中，通常标题多用大写，字间距比较大，不宜过小，否则阅读不够清晰。正文中小写多，字母间距要紧密。Logo 设计首先要确认字母基线的位置正确。其次，通过负形的观察适时调整间距做到视觉上的均衡，而非数学上的相等，这需要设计师花费大量时间。近来也有不少 Logo 采用小写字母设计，小写字母形状活泼不规则，更加亲近。但是作为 Logo 一定不能过于加大间距，否则会显得非常凌乱。另一个影响字母间距的因素则是字号的大小。通常 8pt—12pt 的字体字间距采用电脑的默认值，这基本属于正文字号的区间。如果 5pt—7pt 的单词，要适当增加字母间距，因为人眼会因为字号太小产生误差。相反，海报上用的大字号单词则应增加字母间距，让视觉上有更好的空间感。在 VI 设计时会遇到横排或竖排的标准应用，由于人们的视线是从左到右移动的，如果是垂直排列，则不能和横排字母采用同样的间距。否则，受视觉差的影响字母间距会显得略小。

中文与拉丁文的正确搭配

  日本 TDC 在深圳华·美术馆持续多年举办字体展览，我们可以看到日本字体设计师不仅在不断地进行汉字字体的探索研究，同时还在进行大量的拉丁文字体设计。这从一个侧面反映了日本设计在全世界的影响力，反观我们中国的设计师却很少涉足这一领域。在今天这个时代，中国的设计师也应该研究拉丁文字体的历史、分类、特点、现状，才能更好地适应开放的步伐。中文和拉丁文的字体混排是我们经常遇到的问题，正确地选择字体是完成排版的首要任务。中文和拉丁文搭配的方法大致可以根据拉丁字体使用的年代和中文字体产生的年代来对应。通常我们会采用字母的外轮廓形状和中文字体的外轮廓形状对比。如果相似度高就采用类似的字体，这是一种方法。但上文我们在进行拉丁文字体分化时描述过，旧体字体和过渡体字型有很多相似的地方，它们之间的差异并非中文字体间差异的巨大，而且和西方通常使用习惯也有很大不同。比如我们会习惯性地喜欢使用手写的 a 和 g（图1），

图1：真正的西文书写习惯和我们的概念不同，不能简单地假定，需要深入研究。

这和我们学习英文有很大的关系，而国外更喜欢使用带有头部的 a 和 g。我们对一些装饰性的英文字体如 Script、哥特体、洛可可很感兴趣，但是在欧洲似乎使用率却很低。因此，从年代时期分析，再匹配两种东西方字体的外轮廓才是更好更合理的方式。

　　任何一种字体都是具有情感性的。这种情感是通过字体的外轮廓的曲直角度表达出来的。以宋体字为例，在正文排版中一般使用博雅宋、宋简一、宋简二、华文宋、汉仪宋等字体。这类宋体横竖差别比老宋、标题宋小，适合正文阅读使用。传统宋体大规模使用在中国明代，和西方文艺复兴时期接近，那么过渡体字型比较适合搭配宋体。两者都有类似的结构，过渡体字型包含衬线而且相对圆润，宋体也有转折，撇和点的圆弧变化，宋体的大多数种类也进行了圆角处理，两者相似度很高，都属于早期的印刷类字体，搭配在一起没有太多的不恰当性。当然，宋体的应用种类很多，笔画粗细变化也不完全一致，设计师要具体挑选合适的拉丁过渡字体。另一类中文经常使用的字体是黑体，如微软雅黑、中黑、细黑、平黑等。这类字体诞生的起源都来自拉丁文的无衬线体，自然而然搭配拉丁字体时选择无衬线体。这里要注意的是，设计师经常会选择搭配 Helvetica 字体，但是 Helvetica 这类无衬线体采用了太多平直几何形处理字母，字母横竖变化不大，较突出直线。而中文使用的大多数黑体并不是平直的黑体，如前面提到的几类黑体，"横"在起笔和收笔处时有放大处理；"撇"也是有由细变粗的变化的，笔画相交的地方有内凹，避免视觉上过粗的感觉。这类黑体在无衬线体的搭配选择上应将这些因素考虑进去，类似 Gill 这类有些字母笔画变化的无衬线体才更加适合。第三类是中文书法印刷体或名人书法体。这类字体如方正隶书、汉仪楷书、方正行体、方正黄草等字体，它们在设计之初就参考了大量书法文献。这类字体在印刷体成型之前是手写的表现形式，和旧体拉丁字体的设计形成的原因相同。二者之间搭配起来视觉效果较好。如楷体来自书法小楷，笔画带有手写的倾斜角度，模拟的也是小楷的笔画形状，视觉典雅清秀可以用于正文排版。拉丁字体加拉蒙体古典而优雅，号称"衬线体之王"，几个世纪以来一直被用作内文排版，易读性很高，因此二者匹配比较恰当。隶书适用于标题，个性鲜明，字体略扁，可以采用装饰性字体搭配，如哥特体，非常有特点，古典气息浓厚。另外，现代体中的衬线体也可以用来搭配黑体一类的字体。现代衬线体衬线平直，没有转角和圆化，有些字体的衬线比较粗，具有凝重的视觉感受，也被经常用来作为标题字使用。如芝加哥公牛队的字体 Rockwell，也可以和黑体字进行很好的配合。因此，设计师应按不同时期的字体形态，选择正确的拉丁字体和中文字体搭配，才能起到良好的设计应用。特别是 Logo 设计中，如中国银行的标准字体中的中英文组合，2008年北京奥运会的中英文字体设计都是优秀的字体组合典范。

词间距与行间距的协调

　　中文是方块字，单字组成词组，每个汉字有自己的含义。与中文单个字之间几乎相同的字间距不同，拉丁文的词组由于组合的字母数量不同，单词的长短有着巨大的差别。因此，拉丁文中有一个明显不同于中文的词间距。词间距是拉丁文这种以拼写为主的文字阅读的重要环节。我国文字中的蒙文、藏文等也存在类似的情况。在拉丁文排版中，词间距不可以过大或者过小，两个单词之间原则上正确的间距是能够放一个小写的字母 i，这样的单词间距视觉上才是舒服的。另外，字母笔画的粗细也会影响词间距的大小。笔画粗的字体组成的单词间距要适当缩小。相反，笔画细的字体组成的单词间距要适当扩大。这是因为笔画粗的字体会在视觉上扩张，词间距过大句子中就会留有过多空白，句子在视觉上就会形成断线而不是直线。那么形成的段落就会显得稀稀落落难以形成整体的段落灰色面。视觉上拉丁字由于单词的长短不一，这些留白会把段落句子变得杂乱无章。笔画细的字体扩大词间距便于形成直线，也有利于段落灰色面的形成。另一视觉因素是字符的大小。同样的字号大小，拉丁文比中文看上去词间距更大。一般情况下，字符变大需要增加词间距，字符变小则减小词间距。

　　拉丁字体的行间距也是影响阅读的主要视觉因素。阅读的视线是沿着文字的方向进行之字形活动的。行距的调整首先要考虑字体的密度（宽度和粗度），密度越大段落色调越重，行距可以适当减小。字体密度小时，空白较多可以增大行距。这就是为什么拉丁文引言的部分往往行距较小的原因，海报上大标题的行距也往往较小。其次，段落中分栏的栏宽也影响行距大小。分栏的宽度较大，单行的词组较多，句子较长，增加行距可以方便阅读。短小的分栏，读者可以快速地完成转向，行距可以适当减小。其三，字体本身的粗细。如果采用较粗的拉丁字体作为正文字体，则要增加行距，通常这种情况较少。其四，字体本身的升部和降部对行距的影响。拉丁文本身存在大小写的情况，如果字体的升部较高或降部过低，行距不足就会使上下文交错影响正常的阅读。另外，字体本身设计的高度比较高，如 Bodoni，也需要加大行距来平衡字体过长带来的影响。尽管这种字体设计本身是为了增加文字的容量，但是行距又减少了单位面积内文字的数量。最后，拉丁文的行距要控制在一定的范围内。行距过大会降低阅读速度，还有和相同字符中文进行对比时，拉丁字体的行距要小于同样字符大小的中文。拉丁文的行距通常保持在字符的 120%—130%，而中文字体则可以达到 150%。

中文与拉丁文的段落排版的异同

段落排版里首要解决对齐的方式。现在软件中对齐的方式有左对齐、齐中、右对齐、齐行、强制齐行几种形式。对中文来说由于字间距的关系和汉语词组的组成关系，齐行是最常使用的对齐方式，字间距相等能很好地形成均匀的段落。早期的汉字采用竖排，从右向左行文，竖版对汉字来说不存在太多困难。当然，今天的标点符号会影响排版的对齐。对汉字而言，左对齐并不太适用排版中文。字间距的相等使视觉上和齐行差别不是很大。另外就是词组的断行，这个需要手工来完成，比较费时费力。居中对齐对汉字排版来说比较轻松，适合诗歌这类文学作品。右对齐不适合中文排版，它不符合中文的阅读习惯，有些设计师盲目地学习拉丁文右对齐其实忽视了两者的差异。对于大篇幅的段落排版，拉丁文的两个因素对排版有重要影响。第一，词的长短不同。上文我们提到同样的原因导致词间距的调整。同样的因素对段落的影响更大，同汉字几乎相同的间距形成相同的句子不同的是，拉丁文无法做到上下文的句子长度保持一致。如果采用强制齐行这样的选择必然导致上下文单词的字符间距、单词间距不同，这样一篇文章就会存在太多不同的间距大小，视觉上非常混乱。第二，单词的换行。拉丁文存在很多超长的单词，单词还有不同的时态，这些单词如果出现在句末需要换行就会导致连词出现。一般计算机软件 InDesign 会自动进行连词设定，这需要字库在设计时已经完成连词的原则设定。好的字体会完成比较好的逻辑设置，一般小的字体公司很难进行这样复杂的设计。但如果计算机仅仅根据长短进行连词设定就会出现很多不符合习惯的断词。一般拉丁文的连词是根据读音的发音音节断开的，如果我们不采用这样的形式，在外国人看起来是非常滑稽可笑的，这也很难提升设计的品质并得到认同。因此，拉丁文最适合的排版对齐是左对齐。左对齐单词的间距可以保持一致，连词出现的次数也会大幅减少，阅读起来的视觉效果和速度会大幅提高。因此，对于拉丁文排版来说尽可能地选择左对齐是最好的形式。左对齐在段落的右侧会出现波浪状的结尾，这种形状的结尾要注意不能出现正三角的形状，要根据上下文进行一定的手工调节，上下句子的长短不能差距过大，有些句子的单词很少，有些句子的单词有很多。必要的时候还要进行连词的设定，但是不能连续三行的结尾出现连词。电脑软件在系统内会进行自动检索检查，但是仍然会出现错误，需要专业校对人员进行人工排查。左对齐适合几乎所有类型的拉丁文排版，也是最常用的排版形式。和中文不同，拉丁文的居中对齐并不适合，即使是诗歌也很少采用居中对齐。居中对齐一般只能用于 Logo 设计中的图形文字的对齐，或者节目单这类设计项目，字数较多的内容拉丁文不采用居中对齐。齐行是拉丁文排版的另一种常见形式。齐行也适合大面积的文字排版，但是由于拉丁文本身原因，上下行对齐必然导致字间距和词间距的改变。因此，齐行必然会出现不均匀的现象，分栏短的段落不能使用齐行排版，字体库没有进行连字设定的字体不能用来进行齐行排版。右对齐使用的范围一般用于书籍封面设计和海报设计的排版，可以用来做标题或小的说明段落，正文排版不适合。

  拉丁文和中文同时出现在印刷版面的情况也会越来越多，一般这样的双语混排出现除了和前文的字体选择有关系，就是中文和拉丁文不同的基线高度带来的行距变化，因为汉字是没有升部和降部的，所以尽可能和英文的大写字母混排在一起，这样可以避免出现行文高低不同的句子。另一种情况是通过划分不同的分栏将两种文字彻底分开进行处理，这样的好处是可以很好地隔绝双方的相互影响，让拉丁文很好地按照自身的特点进行行距和对齐方式的处理。还有，同样的信息内容不同的文字所表达使用的词汇量也不尽相同。中文表述的内容所需要的词汇量和句子构成小于英文所用词汇量。这就会出现对照排版时出现的段落面积相差较大的情况。这使得设计师必须采用不同的字号和行间距调整，一是加大字的间距特别是汉字（也可以进行一定程度上的文字压缩或拉伸，但原则不能超过20%），二是缩小拉丁文的字号，三是对行距进行增减处理。这些可以保证两种文字在视觉上的字体密度接近，避免同样的信息内容无法准确对照的情况。除了以上这些，字符的标点符号和输入方式也会影响到段落的长短，这些还需要中国的设计师做更加深入的研究。

拉丁文字体对汉字字体创意设计的影响

由于拉丁文本身造词的因素，完成一套拉丁文字库需要三百个左右的字母及符号。相较于中文字库动辄上万字的设计工作量，拉丁文字库的数量和造型的丰富性要远大于中文字库。从造型的因素来看，拉丁文与中文都存在字体书写骨架和笔画形状变化。在利用现代造字软件和设计字体时，同样都采用了双勾线填色的方法，这是汉字在制作80×80cm字模时受到拉丁文的影响。西文字模制作方法传入中国年代久远，特别是对中国印刷字体的设计和近代中国的字体造型产生过巨大影响，即使是今天我们也依然从拉丁文的设计中汲取设计灵感。以我们最熟悉的综艺体为例，该字体是一款非常经典的创意字体，从杂志报纸到街头招牌都可以看到它的身影，几乎可以和我们日常使用度最高的宋体和黑体并列。郭炳权老师生活在受西方文化影响较深的香港，先于国内接触到更多的英文字体，理解也更加深刻。他受到著名的 Helvetica 字体中字母 t 的造型启发，将转折的内外不同切角的圆角过渡转换成汉字中的笔画形状。在此基础上完成了偏旁部首设计并最终形成了我们众所周知的综艺体。Helvetica 字体从字母造型上讲并没有过多追求个性，但是在其基础上诞生的综艺体却在字体结构上中宫放开、笔画到边、结构饱满、简洁大方，形成了现代感十足的个性化中文字体。方正粗活意字体则是郭老师在西文 Script 字体上开发的另一款中文创意字体。西文 Script 字体在设计造型上有个性鲜明的圆弧形造型且笔笔相连，将西文手写字母的痕迹用曲线美清晰地表达出来。方正粗活意借鉴了其造型，在字体的转折处呈圆弧形，勾笔画由粗渐细，通过连笔体现笔画在书写时前进的轨迹，赋予了汉字活力。圆弧形的曲线也打破了汉字横平竖直的固有形态。方正奇妙体系列也是借鉴了西文字体获得的创意灵感，字体的重心下移，笔画中的竖笔并非以往的相等而是有了明显的粗细不同，弯折等笔画则加入了连笔设计，这种变化使得字体本身的视觉语言更加诙谐有趣充满卡通的意味。奇妙体极具新鲜感，非常特别，美观悦目。以上这些当代中文字体在创意造型上大胆借鉴西文字体的图形语言，合理地利用西文字体的创意理念，丰富了中文字体创意的来源，拓展了中文字体的设计边界，使中文字体的种类更加丰富，更加具有现实感和时代气息。

　　西文字体除造型上影响中文字体，还将字体族群化的概念引入到当下的中文字体造型设计中。通常一套完整的西文字体包括 Regular、Bold、Light、Italic 等不同字重的字体家族。在一种字体造型基础上通过改变字重形成近似的字体体系，使字体能够更好地应用于阅读排版的需要，便于视觉层级的划分和表现。微软雅黑字体和思源字体也采用了家族化的概念，设计了不同字重等级的字体系，丰富了汉字表达的情绪和应用。腾讯公司在

2017年推出了企业专属字体，首次打造了类似西文意大利体的中文企业字库作为腾讯专属识别的视觉符号。许翰文完成了视觉倾斜8°的中文字体设计，并辅以视觉修正。这套字体也打破了汉字方形的视觉传统，增加了汉字的动感和速度感，体现了汉字造型的发展和潜力。中文字体的设计造型应采用包容的态度充分吸收字体的发展趋势，使中文字库能够追随世界前进的脚步。

今天有许多外国的设计师来到中国学习传统文化和研究汉字。这是一个全球化融合的时代，也是一个全球竞争的时代。相互尊重彼此的文化习俗是文明进步的体现，我们不能强调自我的同时又采用一种模糊、粗糙的形式包装我们的出口产品，在公共空间等服务设施上随意处理别人的文字，这是一种非常不恰当的行为。当日本的设计师还在坚持不断地推出新的汉字字体时，我们中国的设计师应该更加努力地学习别人的先进之处。对文字语言的尊重，是彼此接纳的基础和条件。文化的融合正是从想法、习惯和传统开始的，中国设计走向世界恰恰应该从文字系统开始。

第八章 / 互联网生态下的包装设计趋势

TRENDS IN PACKAGING DESIGN
WITH THE INTERNET LIFE

包装设计 / 互联网 / 用户体验

PACKAGING DESIGN / INTERNET / UE

网络化的生活模式对包装设计提出了新的要求和新的审美，包装设计的发展产生了新的方向。设计师必须适应这一时代的潮流，及时准确地反映互联网生态下包装设计新的物态形式美感和结构的便利性。文章从多个视角解析当下包装设计的发展状况和风格趋势，以便帮助设计师在包装设计过程中提出解决问题的方法和更加宽泛的思维角度。

包装设计并非简单地物化产品的包装形态，在其保护、促销、运输的基本功能背后，也要受到消费理念、审美意味的外在制约。互联网潮流的推进改变了人们的生活方式，这种改变使得包装设计在功能和形式上发生了微妙的变化。设计师应在设计美学上感受物质形态的美，并将多元化的时代因素融入包装设计当中。同时，保持敏锐的洞察力，根据诉求合理地分析判断信息，将包装结构和视觉要素、艺术风格有机地融合在一起。因此，互联网生态下的包装设计不仅仅是对物质形态的再现，更是体现网络潮流下人与社会二者之间的关系。

互联网生态下的消费特点

消费行为和消费习惯

曾几何时，中国社会进入到了互联网消费的时代。2015年阿里巴巴集团的线上销售额度首次超越传统零售巨头沃尔玛成为全球第一，几乎所有中国人的生活都或多或少地受到互联网的巨大影响。我们的生活模式和消费习惯正在向着快速消费品时代大步迈进，全球化的浪潮促使我们放眼世界。每天无数双眼睛都在不停地扫描着移动终端，挑选着自己喜爱的商品，与此同时，传统固定的购物点正在逐渐走向衰落。消费者在购买产品时的动机和决策也随着时空地点的转变而发生位移，设计的原点和出发点不可避免地发生了改变，新的设计思维模式已经开启。

购买决策形式的改变

传统零售空间采用同类商品集中摆放的展示形式，商品与货架之间有着直接的因果关系。展示形式的优劣直接或间接地导致消费者最终购买决策的形成。包装设计师在设计过程中必然将空间因素作为设计的一个重要创意点和信息点加以考虑，如日用消费类商品，包装外观面对同类商品的货架展示竞争，产品图形、实物图片、广告口号是其包装设计的重点。物联网时代将这种真实空间关系打破，消费者不必真实地接触商品，而是借助其他手段来感知产品信息。反之，那种通过图片、色彩、文字为主的包装固化形式来了解商品的模式，在新环境中的作用就显然不像以往那样重要了。

购买模式的改变

传统模式下消费者可以直接接触产品，通过自己的触觉、视觉等感官来判断产品的好坏。终端的购物模式需要成品展示形态，产品通过分—集—分的形式完成整个销售流程。由于消费者得到的是间接信息，因此互联网购物会导致认知上产生偏差，退换的结果改变了产品在终端上的流通次数，使产品包装要承受多次的外部环境改变，这就要求设计师在包装设计过程中考虑增加减震结构的设计。同时，采用更多新型材料来解决防尘、防潮的问题。快递员分拣包裹时的暴力动作在可预见的时期内是无法克服的，这种情况下设计师在完成包装基本功能的基础上要增加额外的结构，减少包装跌落时冲击力对产品的破坏。

互联网生态下包装设计的变化

设计概念的改变

互联网消费时代的营销与以往的不同,生活在物质丰富时代的人们,不仅仅将注意力集中于产品本身的功能和性能上的优劣,还需要追求精神上的满足。马斯洛的社会分层将自我满足作为高级社会发展的重要标志之一。物质消费离不开产品概念的设定和对消费人群心理变化的准确把握。包装设计从诞生的那一刻开始,就必须有预先设定好的品牌理念。"有趣儿""好玩儿""新鲜"是互联网时代消费者感兴趣的审美因素。如互联网品牌"三只松鼠"的包装设计,利用已有的卡通形象打造了一个与传统老字号相对应的包装形象,快速地打开市场并迅速成为坚果类食品销售的冠军,这就是概念植入品牌的典型。与传统包装的中国风不同,"三只松鼠"在包装设计上遵循概念优先的原则,产品图案与开口方向反置,第一次打开包装时往往误以为是印刷错误,事实上通过这样的逆向思维强化了消费者对品牌形象的注意力。品牌形象的植入将熟悉感和陌生感交织在一起,有利于消费者对产品包装产生认同感。另一个例子也很好地说明了概念植入的重要性。"来找茶"借助"找茬"的谐音吸引了都市白领们的注意力和兴趣。激烈的竞争令在大城市生活的年轻人长时间处于一种高压的生活状态,工作后他们并不想正襟危坐,而是希望通过某种渠道宣泄情绪。幽默轻松的视觉形象反而可以触动他们内心柔软的情感需求,插画图案配合现代流行的时尚元素使这款茶叶包装显得与众不同。

包装结构的变化

包装的三大基本功能：保护、运输、促销，其中两项涉及了包装结构设计。互联网模式下的包装设计更加离不开结构设计的创新。首先，设计师应在包装设计中采用更加合理的结构适应快递人员的分拣投送。其次，单体包装会因摆放而与不同大小、重量的产品挤压在一起，包装结构会承受多方向上不同重力的压迫。极端时重力会集中于包装的某一点，所以产品外包装必须较以往更加坚固。传统包装没有恶劣的运输环境，而在今天包装结构没有采用加固处理是无法接受的。可以预计在包装上铜版纸的使用会逐渐减少，瓦楞纸、荷兰板等材料会明显加大使用量。这些材料可以很好地利用其自身纤维强度提高抗冲击力的效果。

另一个有效措施就是包装采用间隔结构设计。产品自身并不直接接触包装盒壁，通过再生纸、吹塑、发泡塑料、海绵等对产品塑型，使产品悬于盒体中心，并通过这些材料吸收冲击能量，有效避免商品在运输过程中的损失。对于不易破损的产品可直接增加一个外包装应对多次运输往返的情况。以上这些措施虽然增加了包装的成本，但减少了流通环节买卖双方的损失，与人力成本和租金成本相比反而更加适应互联网生活方式。

包装设计核心的改变

包装设计中图形、图案、色彩占据了视觉设计的主要内容，设计师往往围绕这些视觉要素展开联想。虽然包装结构也是包装设计的重点但没有提升至今天这样的位置。设想一下，我们如何从快递员手里的包裹中分辨出自己的货品呢？你的包裹怎样才能拥有自己独特的立体造型呢？结构创新不仅带给我们最直接的视觉体验,也是区别其他同类产品包装最有效的手段之一。由于受到物理质量形态的影响,同类商品往往大同小异,其判别品牌个性的方法则不足。传统品牌在遇到时代、审美、技术诸多挑战时,采用包装结构创新手法的费效比相对较低。互联网时代也是一个"游戏的时代",今天人们愿意在享受生活上花费更多的时间。包装结构的改变在可玩性上迎合了这种心态的变化,包装变成了生活中一个有趣的创意设计。例如,"春、夏、秋、冬"花季茶包装(图1)采用三角形包装结构创立独特视觉造型,改变了茶叶包装中常见的立方体造型,个性鲜明活泼。包装内部又划分成四个三角形和外包装形成视觉上的呼应关系。四个内部分包装分别对应"春、夏、秋、冬"四季,里面分别装红茶、绿茶、黄茶、黑茶,它们通过色彩和季节巧妙地联系起来。作为一款全新的品牌,通过结构的创新突显了包装的原创性、概念性和礼品性。这样的设计思维很好地提升了该品牌的品牌价值。

材料创新的重要性

纵观包装设计的历史沿革,材料的变化革新一直贯穿了整个发展的过程。包装材料直接反映了产品的品质,体现了其内在的文化属性和品牌价值。很

图1:组合式的包装结构借鉴了玩具的特点,让包装具备了把玩的效果,增加了互动性和趣味性。

难想象哪一个著名品牌的包装材料是低标准的。"工艺乘以材料等于设计的平方"是所有设计师遵循的基本设计法则。产品包装在互联网模式下承受了更加苛刻的条件,多采用厚度较大、结构强度好、能提供良好防护的纸板材料。另外,内包装材料也需要提升质感和手感。目前流行的北欧风格、无印良品风格都摆脱了复杂的人为设计元素,通过减法突出材料本身的自然肌理,减少不必要的信息,缓解内容杂乱所带来的视觉压力,回归人与自然天人合一的精神理想,材料本身就是一种特殊视觉语言要素。"清茶谈话"茶叶包装设计(图2),采用树叶纹路的肌理纸张作为基础包装带给人温暖的手感。素雅的风格体现了禅意绵绵的艺术品位,自然而不做作,叠扣组合借用了中国传统书籍的包装形式,麻绳也迎合了这一自然的理念,很好地突显了文化的内涵。五边柱型的器物造型取自瓷瓶设计,收腰体现了对使用者便利性的考虑,纸张也可以在一定程度上起到防潮吸湿的作用。这件作品尽管没有采用丰富的色彩、复杂的图案,同样出色地完成了设计理念的良好表达。

图案的卡通画风格

网络消费的主要人群集中于 80 后和 90 后,这类群体有着鲜明的时代特点,伴随着体验式消费、冲动式消费带来了许多新的需求变化。在审美情趣

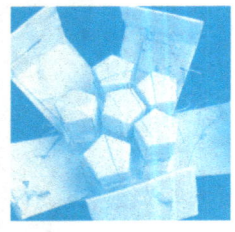

图2: 新型包装材料创造出新的视觉效果,还把温暖的手感带给消费者。材料本身也是一种视觉语言。

上随着动漫成长的一代也必然受到波普文化的广泛影响，电子类产品所带来的迷幻视听也反映了不同的审美追求。包装设计受到消费需求的引导，大量卡通形象和插画形式的包装图案正在快速地取代实物照片成为设计流行的新宠。从视觉上看，虽然图形无法取代照片的真实，但可以避免实物照片带来的机械感和冰冷感，手绘图形和插画则有着强烈的原始创造力和情感诉求，满足了当下年轻人追求时尚的心理预期。外包装结构的强化进一步降低了基于四色印刷照片的可能性和低成本的要求。相反，插画和图案在保证信息基本功能的同时，可以用少量的颜色或专色直接解决技术问题，也不会降低包装的视觉品质。所以，无论是情感上还是技术手段上，包装的插画化、图案化都是多重因素导致的必然结果，也会越来越多地反映在设计表现上。

互联网生态下包装设计的发展

人性化的设计

互联网缩短了商品的使用周期，加快了更换的频率。激烈的竞争使人们更加青睐那些充满人性温暖关怀的商品。在包装设计上体现人文关怀是互联网生态下设计师必须考虑的设计要素之一。"三只松鼠"在大型包装箱设计上考虑到了用户开启的方便性，特别附送了一个开启胶带的塑料工具，改善了消费者使用时的用户体验。除去工具，设计师还在周边设计上下足了功夫，一封热情洋溢的感谢信和卡通公仔考虑不同年龄层次用户的情感诉求，用心的人文关怀带来的是良好的企业口碑。这些从属于整体包装的设计方案，跳出了简单的包装设计范畴（一款盒子或一个瓶子），将包装设计立体化、系统化、多维化，从推广营销的角度全面审视包装涵盖的设计范围，关注用户体验是互联网时代包装设计的重点。

绿色理念的延伸

互联网时代既是物质生活丰富的时代，也是人类污染严重的时期。人们追求生活品质的同时也带来了大量的环境污染问题。绿色设计就是尽可能地减少这种人为造成的浪费和环境破坏。一直不断缩小体积的苹果手机包装盒就是绿色设计的最好体现。缩小包装体积可以减少包装材料的消耗，并且在一定程度上减少生产过程中能源的使用，间接地起到环保的效果。目前，许多工业产品采用可分解、可循环的再生纸制作包装内结构，既可以起到很好的承重设计要求，又可以起到环境保护作用。传统模式下的多重印刷工艺主要考虑商品的展示效果，增加了总体成本，带来更多的印刷污染。互联网时代大大降低了对商品的展示设计要求，减少了不必要的印刷工艺。通过材料本身的材质和肌理表达，新的包装设计理念本身就是一种健康的绿色设计。

跨行业的分工合作

现代社会是一个拥有复杂合作组织架构的综合体。单一行业难以全面地解决社会问题，只有建立跨行业的组织协会才能制定标准化、协作化的生产管理模式和行业标准，社会发展成本才可以降低，生产效率才可以提高。将包装行业置于互联生活的总体框架下考虑，将物流行业纳入社会循环系统，分类标注各类产品的量化体积标准，配合生产统一的包装运输体积，定制分级包装运输规格。政府可以引入奖励机制鼓励物流行业积极回收再次利用包装运输箱。这些措施会在一定程度上减少生产成本，优化了社会资源，保障了现代社会的可持续发展。

互联网时代是一个充满活力、丰富多彩的时代，每天都会有无数创意灵感诞生，造就了这个时代多元化的生活和多样的审美价值观。设计师应把握时代特点，将这个流行趋势融入包装设计当中，并在追求完美的同时，将包装结构、工艺材料、图形色彩融为一体，保持初心，用发展的眼光全面系统地统筹，创作出更多更好的包装设计作品。

第九章 / 版式设计中的等级法则

THE RULE OF RANK WITH LAYOUT DESIGN

版式 / 秩序 / 层次

FORMAT / ORDER / ARRANGEMENT

版式设计的成败在于是否能够合理地安排各种视觉要素，正确地划分信息的等级程度，使它们按照一定的规律分层次地出现在受众的视觉流程内。这就需要设计师通过科学的设计手段建立起各种要素之间合理的视觉关联。这种视觉关联我们可以把它称为版式等级法则。掌握这些小的设计法则可以更快更好地完成版式设计工作。

设计本身是一个发现问题解决问题的过程，从这个角度上来说，设计本身也是一个严格的逻辑思维过程。版式设计是平面设计中的基础设计环节，它主要解决二维平面设计中的布局问题。要求设计师能够以宏观的角度，合理准确地分解项目要求，划分层次重点，使相对复杂混乱的信息能够按照一定的规律，分层次、分结构地呈现在受众面前。

在这个设计过程中，设计师扮演着造物者的角色。色彩、图形、符号、图像则是造物者手中的素材，它们可大可小、可方可圆、可冷可暖，变化无穷。而它们却都受到设计师严格的设计思维支配，这些规律则是版式设计中必须遵循的法则。

何谓版式设计等级法则

"等级"——指按某一标准区分高下差别，"法则"——必须遵守的行为规定，它带有强制性和约束性。版式设计中的等级法则同样具有类似的双重性。我们必须明确版式设计的目的是什么。信息社会中最具价值的莫过于信息本身，如何使信息能够准确快速地传递给消费者是版式设计解决的重点问题。今天，当我们划动手指点击屏幕的时候，无疑留给设计师的时间也只剩下短暂的几秒了。这就需要设计师通过对信息的分类将信息转化成不同的等级，按重点的不同，依次排列，逐层推进，使受众看似无意地浏览，实则按顺序进行有取舍的阅读。实际上，版式设计的等级法则就是建立严格的信息等级制度，划分等级结构。各种设计要素必须严格地存在于这种等级制度中，跳跃、越级打破层次的改变，只能带来混乱和视觉疲惫。因此，版式设计的等级法则是对信息合理性的正确解读,是视觉流程的必然结果,是每位设计师在版式设计中必须遵守的客观规律。

版式设计等级法则的表现形式

文字排版的等级秩序感

　　文字信息在整个信息传递过程中是量最大的部分,也是信息荷载内容最多的主体。通常情况下我们将文字分为标题、正文、注释三大部分。文字等级法则在于正确地划分字体和大小、颜色。第一,是字体的正确选择。选择的方法依赖于排版行文的方向。横排文字应选择略宽的字体,这样可以形成横向方向感。反之,竖排文字应选择略窄的字体,形成纵向的阅读方向感(以上字体的选择应局限在印刷字体的范围内,书法字体则不适用以上原则)。表面上看是微不足道的变化,在实际使用过程中却能明显减少眼睛周围肌肉的紧张程度,从而带来阅读时的舒适感。第二,标题文字应采用符号强化视觉停顿。如果视线在标题停留 0.5 至 1 秒,就可以形成有效的间歇性阅读,就能在大量阅读的时候有效地改变眼轮匝肌的收缩程度,使视觉得到适当的停顿,使读者能够更好地获取信息,增加信息的传递数量。第三,正文字体在选择上应遵从横竖变化较少的原则。如著名的 Helvetica 的字体,横竖变化不大,个性不是很鲜明,作为正文字体可以和标题拉开等级距离形成面状结构。苹果 OS 系统一直将它作为系统字体应用到今天。在手机、pad 等较小的显示屏幕上,变化过多的字体会增加文件的大小,同时增加阅读的困难程度。笔画清晰的字体可以更好地提高识别性和准确性。同一页面内的字体不应过多，较多的字体也会频繁打乱眼睛的观察节奏，阻碍阅读流畅性，增加视觉负担，降低页面浏览的速度。

色彩的等级规律

很多情况下，经验不足的设计师往往会对色彩选择产生困惑，特别是对一些色彩和图像二者之间的关系难以正确处理。这是因为没有按照色彩等级法则的规律和方法设计。色彩三要素中的色相、纯度、明度是调节色彩最关键的三个环节，也是一切色彩等级的核心。色彩等级就是建立纯度的等级、明度的等级、色相的关联。举例说明，全出血的底图上安排色块或文字的时候，我们可以将整幅图片看作一个大的调色板，它是色调和自然光赋予光影混合而成的复杂色立体。在这种情况下，只需认清图像本身的色彩关系就可以马上做出正确的选择。我们使用吸管工具选择图像的主色调，然后返回调色板得到一组标准的色彩数据。在此基础上，我们增加 10% 或减少 10% 的纯度或明度就可以得到近似色。这种和主色调相同色系的色彩可以有效地融合画面。另外，我们可以选择色环上面原色彩相邻正负 30 度以内的色彩，就可以得到近似的颜色，同时还可以更有效地和原色彩进行区别。反之，当标题文字等信息需要突出的时候，则可以选择原色彩在色环 180 度对角的补色，建立正确的补色关系，提高画面的视觉平衡感。由于补色对比过于强烈，通常情况下，我们选择补色旁边正负 30 度内的同色系色彩，建立弱的补色对比关系，并根据色彩明度关系增加 10% 或减少 10% 的明度。还有，充分利用色彩的明度关系，将色彩明度按 15% 递减或递增变幻出丰富的色阶质感。在网页下拉式菜单和按钮设计中经常采用这样的色彩调节以产生互动的设计感。同时，这种设计等级秩序感最强，整体色彩控制在少数色相内，提高了文件信息的关联度。因此，我们可以看到版式设计中色彩关系的等级法则是寻求色彩之间的等级差和补色差，并非三原色的无止境滥用。

构图的等级法则

（一）创建景深增加视觉等级

　　西方平面设计作品往往层次感丰富，具有立体视觉效果，追求在二维平面空间中多维度的空间层次。要创造这样的空间，我们可以通过增加景深的办法来实现。将画面上某一个局部复制放大然后作为前景，虽然这样由于像素前景变得模糊，却为我们的视觉焦点更好地集中于后面的主体提供了参考，同时也为设计师增加了一块搭配文字说明的色块。这个前景本身取自画面，丝毫不会产生凌乱的视觉效果，而纵深的层次感一下子就拉了出来。这种前后景的安排就是等级法则的一种。当我们设计网页的标题的时候，可以将整个横栏进行三等分，背景图片占三分之二，公司名称占三分之一，图片选择上尽可能地选择广角或局部内容丰富的图片，这样也可以将整个标题栏的景深加大，视觉效果更加突出。

（二）突出局部重点

　　在构图中典型的局部图例较全景图片有时更加有说服力。以一个篮球为例，如果展示的是一张完整的照片，画面平淡无奇，构图上中规中矩索然无味。这是因为画面本身被篮球所占据，缺乏对比关系，没有等级秩序，自然很难刺激眼球找到兴奋点。随着篮球的逐渐放大，整个篮球在视图中只剩下局部的时候，篮球表面的材质肌理开始成为画面的一部分，细节对比开始产生，增加了视觉焦点等级，使时间在画面上开始出现并充满戏剧性。另一种情况，复杂背景的照片由于焦点前后难以区别，使人的眼睛感到疲劳。减法原则正是突出重点，将具有典型代表的物体通过褪底处理，外轮廓打破四边形的限制丰富了设计感，创造出主次等级层次。

（三）严格的比例等级

如果说人类最大的行为优点就是善于发现规律，那么我们的眼睛就是在无时无刻地寻找这种规律。科学证明比例关系可以使人的视神经处于兴奋状态。以最常见的名片为例，正反两个面的不同信息如何建立起视觉关联呢？正面决定反面图文的位置和排列关系。正面图形标志距边距的距离同样也是反面文字排列的视觉基准线。另外，标志文字距边距的距离应该是多少比较合理呢？在西方的版式设计中有着严格的规定，它可以是标志图形大小的一倍或二分之一或三分之一等等。这种视觉上和现实上的比例分割才是视觉上的合理安排。当然上下边距也同样按照左右的比例尺度执行。当版面尺寸变大后，则应该按照倍数的比例关系建立视觉等级。因此，能否按照比例关系建立图形与文字的距离，以及边距的比例是衡量一个设计师是否成熟的一个重要标志。还有，对角线和九个顶点再加上中轴线构成画面的基本骨骼线，文字符号等视觉元素放置在这些骨骼线的时候，视觉上就容易形成水平、垂直、倾斜的方向感，这些进一步强化了视觉行程的目的性和等级性。

版式设计的等级法则根本目的是建立合理规范的秩序感，这种秩序有利于形成画面的层次，有利于细节严谨的把握，有利于视觉元素的关联，有利于信息按视觉流程有效传达。因此，掌握好等级法则可以帮助设计师更好更快地完成设计任务。

God bless you
天
意
Buddha bless
This is a kind about origami font. I put fun into the design with my childhood game, every lotter in performance for three dimensional sense of space. I hope this font will bring joy to you.
2019.4.17

第十章 / 空间信息的传播因素——视觉导视

VISUAL ELEMENTS IN THE DESIGN OF SIGN SYSTEM

导视设计 / 视觉要素 / 功能 / 审美

SIGN DESIGN / VISUAL ELEMENTS / FUNCTION / AESTHETIC

导视系统设计和人们的生活密切相关，它以最易识别的视觉要素指引路径，在功能为先的设计理念基础上，将个性化审美与空间内涵相结合。作为人与空间交流的媒介，导视设计体现的是人与物、人与人之间相互作用的关系。本文以导视系统设计中的视觉要素为切入点，围绕问题展开设计思维，探讨视觉要素在导视设计中形成的方法和原因，以便更好地在设计中实现功能性和审美性的双重提升。

导视系统设计是一门复合学科，它同时需要环境艺术设计与视觉传达设计、工艺加工等学科知识系统。目前，在我国艺术院校的设计教学中没有明确的规范，或单向地规划到视觉传达设计中，或片面地归纳到环境艺术设计中。这些都会因为单独学科的局限性造成导视设计在实践过程中出现种种问题，难以解决导视系统在公共空间中的指向性、明确性、美观性等设计要求。设计的实质是解决问题，作为导视系统这种涉及公共服务的设计项目，理应将问题导向作为整个方案的出发点和根本点。设计方案要围绕问题展开，设计的合理性要通过反复的现场实践来进行检验，才能保证满足公共服务的基本要求。

采光和路线对视觉设计合理性的影响

　　导视系统设计首先应在项目顶层设计中加以考虑，或作为公共空间方案的基础设计，从项目初始阶段进行规划展开。这是因为导视系统设计在最终实现过程中需要大量的工程施工，必然有安全性的要求。如果在项目结束的末尾再进行方案设计规划，往往会破坏已完成的基础施工，还会影响安装质量，更难以保障它的艺术性和公共性。

光线照明与视觉表现

　　作为空间设计的两大基础设计要求——采光和通风，对导视系统设计有着决定性的影响。公众需要按照导视系统指示的路径完成目的地前进方向的规划。导视系统能否将信息内容准确快速地传达出去就是整个设计需求的关键。设想在一个采光不佳的封闭空间内，导视设计采用的色彩、材料依然是低明度的，字体和字号依然是细小的，或许它们在方案造型上是美观的，但是在实际使用中用户体验一定是糟糕的。如北京理工大学珠海学院艺术学院教学楼的原导视设计，在空间照明不足的情况下，色彩和环境色过于接近。在设计改造的过程中，采用大面积色彩与周围环境色增加对比度（图1），能够使人们的注意力快速集中，识别速度大大提高。改造方案恰恰是考虑到了采光的影响而增加了面积对比。

路线规划与惯性思维

对导视系统顶层设计起关键作用的是路线规划。人员在空间中的运动会形成一定的方向流。在相当多的情况下，我们会误认为人员流动会按照导视的规划方向前进。但是在实践中我们发现，人员的流动方向具有一定的盲目性和主观性，通常人们会按照日常生活中积累的习惯性实践。当二者发生矛盾的时候，才会寻找导视信息加以解决。这就要求导视信息出现的位置和指向安排设计，要尽可能地保持与大众习惯性的一致。指示系统需要通过增加

图1：色彩是建立信息分级最常用的方法，也是区域识别常见的分类提示。

反复明确的指示信息来提示信息的变化。例如，改造过程中根据空间不同的功能采用不同色彩将区域划分，色彩不间断的出现和变化提示人们所处位置发生了变化（图2）。

视觉表现的人性化

导视系统在设计过程中应考虑空间中行动的自由。目前，导视系统多采用半浮雕或全尺寸空间导视设计。国外正在利用视觉错视、空间色彩对比等方式进行设计规划。无论哪种设计形式，都必须将不影响空间活动自由作为必要条件纳入方案中。设计在完成的过程中不能牺牲公共空间，因为公共空间兼具逃生、消防等基本功能。在信息安排的位置、突出的高度和形状尺寸等视觉要素时，需要合理地平衡各要素之间的关系，做到相辅相成，互不干扰。比如，吊牌设计可以起到合理利用空间、引导指示方向的作用。这虽然是最常见的一种设计方案，但思维方式秉承的是这种人性化的理念。

图2：通常情况下，导视信息的分类是基于色彩不同的情感属性和色彩关联来完成的。

字体的个性化

　　文字信息占了整个导视系统信息的百分之八十以上。绝大部分的方向指示、楼层指示等全部由中文、数字、英文字母三者综合构建而成，这是由文字信息的准确性决定的。因此，文字的设计对导视系统是至关重要的。一般概念性地认为，字体的笔画较粗，文字的识别性就会较高。英文采用非衬线体，现代感就会越强。在导视系统设计中，并不会因为简单地采用笔画粗的字体就提高识别率。原因在于，在空间中的人员处于一种运动状态。换而言之，人员滞留的时间有限，很可能会在几小时以后进入另一个全新的空间中。假设第二个空间中的导视文字也采用了上一个空间中的字体，那么无论导视文字是粗或是细都无法刺激受众的视觉感官，人们只会觉得乏味无趣而丧失某些关键信息。通过仔细观察会发现，根据空间本身具有的空间语言和设计风格，采用个性化的设计字体能够帮助我们提高视觉的敏锐度。在整体视觉导视设计中，我们完全可以设计一套个性化的字体，在兼顾识别性的同时，还要考虑艺术气息。

恰当的字体大小

　　空间中的字体大小取决于多种因素的综合考虑。第一，人员流动速度的快慢。行进中的人一般采用步行、骑行，或者驾驶乘车。无论哪一种状态都不是静止状态，字体的大小在设计上建议偏大一些。空间外立面的文字信息，多数情况下是在骑行或乘车过程中观察的。速度比较快，字号应该在 40cm 以上，其中 60cm 或 80cm 大小占到了绝大多数。文字信息同建筑空间相比起到点的视觉作用，应多采用色彩或材质的改变来吸引人的注意力。但是，要注意的是控制尺寸，超越对比视觉界限就会变成线或面，反而会在视觉上显得笨拙无力，令人厌恶。中文文字在排列上应尽量减少字间距，松散的排列增加了阅读时间，这对运动中的识别是非常不利的。第二，文字信息在空间环境内部。这类信息文字的大小由距离决定。我们可以根据大致的步幅距离计算。通常情况下，距离15m左右的地方开始进行第一次信息识别。楼层信息、转向信息大约会在8m以内开始准确识别。15m以上的距离一般只能进行色彩识别判断，8m以内的识别会提高前进的速度。因此，这类信息字体的大小在20cm左右，当然实际情况还要考虑周围环境对识别的影响。第三，文字信息集中于信息密集区。这类信息文字的大小主要由水牌、门牌的尺寸决定。一般在观察这类信息内容时处于静止状态，视觉美观度是这类信息字体大小的主要要求。设计师如果采用个性化的字体设计也会对字号识别产生影响，那么就要求把两种因素累加后再重新调整。

字体的体感塑造

　　导视系统的文字信息多采用立体手段来进行视觉表达。立体文字浮于基材之上，产生一个视觉上的厚度，同时加入材料的变化，引发我们的视触觉。能够更好地调动人们的心理、感官加入信息识别过程中，这是一种综合性的信息表达方式。恰当的文字厚度是这种表达方式要考虑的重要因素。文字字号越大，相对来说字体的厚度也就越厚；文字越小，字体的厚度也就越小。但需要注意的是，如果同一面积有不同等级信息文字存在的情况，那么就一定要将不同的信息内容采用不同的厚度处理（P142 图3）。这样文字信息和图形或符号搭配起来会呈现高度不同的变化，如浮雕般划分出层次，视觉表达上就会丰富多彩。空间面积越大，层次变化就需要越多，视觉体验就越好。小字号的字体厚度一定不要过大，因为在空间中不同方向上的灯光会造成投影变化，投影会在一些特定的角度上将文字的负形部分填充起来，造成文字在识别上的障碍。

延伸图形对个性化设计的影响

延伸图形即将日常生活通过符号化的图形将功能传达给受众。它是通过设计师图形编码，受众图形解码的一种信息传达方式，也是体现设计师设计语言是否恰当和项目个性化艺术风格的一种有效手段。

通用标识的基本要求

导视系统设计里除文字信息，主要采用符号信息表达，公共空间的符号图形设计是完成个性化导视系统的主要表现手段。公共标识在设计中应与字

图3：因为加工技术的限制，不同尺寸的字体厚度不能相同，越小的字越薄。

体设计保持风格一致性。同时，要明确标识的可识别性。公众在使用公共设施和公共空间时应能在短时间内识别符号的编码，不能出现任何形式上的其他解读。与之搭配的文字信息应包括中英文辅助信息说明。导视图形创建个性化视觉语言的方法多种多样，主要根据项目的主要风格和品味保持视觉上的一致性。极简风格、装饰主义风格、现代简约风格的标识都具备强烈的视觉艺术风格。

平面图形与立体空间的关系

延伸图形在设计过程中可以将平面与空间相结合来实现个性化表达。将建筑空间固有的平面图形作为基础设计语言和公共图形结合在一起，既可以将建筑本身特有的设计形式、建筑语言、材料结构充分地表达，又可以使受众在使用公共标识的过程中对空间内部形成的立体表现深入地体验理解。例如（图4），基于建筑本身七巧板的表达创造出不同的区块，以区块的建筑剖面融合图形设计，构成四个独立又相互关联的图形模块。图形采用线框设计追求设计语言表达的一致性，从而得到良好的视觉体验和设计应用。

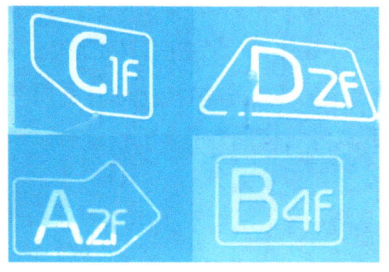

图4：个性化的图形是导视系统中重要的视觉语言，也是设计中最具挑战的难点。

色彩与材料的选择

任何设计表达都离不开形、色、质的研究，导视设计更脱离不了色彩与材料的限制。色彩、材料本身具有的高度识别性和情感属性注定了其成为导视设计中必不可少的环节。正确地选择色彩、材料有助于导视系统设计最终效果的实现和审美价值的提升。

色彩表达的合理性

导视系统如果要完成复杂线路的视觉规划，路径信息要快速完成信息传达的时效性，就需要将色彩系统纳入设计方案中去。设计色彩首先要注意色彩的共通性。所谓共通性即色相本身的情感属性。暖色调和冷色调的差别；高亮度和低明度的差别；灰色调和高纯度的差别。这些明度、纯度对颜色表现的影响是巨大的。在导视系统设计中，色彩表达是极其微妙的，应尽量避免概念性的色彩强行植入，环境色对导视色彩系统会产生相互影响。往往纯度越高的色相，其诱目性就越高；纯度越低的色相，诱目性就越低。正确的处理方法应该是建立两种或多种色彩之间某种程度上的色彩关联。虽然色相不同，但是考虑墙面本身的色彩，在导视色彩的调配过程中加入灰色降低纯度，相似的纯度可以将色彩很好地融合成一个整体，帮助空间风格的表达，毕竟导视系统的物理尺寸相较于人体都是偏大的。高纯度的色彩表达适用于小面积的字体或符号，也可以用于具有复杂外轮廓的图案图形。

材料的多重搭配

导视系统最终都要完成制作安装，在设计之初要考虑方案的可施工性和安全性、耐用性。当下国内比较流行的加工材料包括有机玻璃、工程塑料、不锈钢材、铝合金、木材、水泥等可塑材料；粘涂类包括乳胶漆、不干胶贴、丝网版印刷等方式。国外目前比较流行大面积色彩的涂刷和喷漆。设计师在选择不同的方案时，应仔细考察安装面的建筑基材情况，确定受力面积和坚固程度，许多设计往往因为现场空间不足或基材太差而被迫放弃。另外，要充分了解各种材料的加工工艺，立体切割和激光切割的差别，热弯工艺和吸塑工艺的差别，这些都会影响设计的最终表达。在制作加工时，应注意侧边面的细节处理，很多加工方会忽略侧面的抛光处理，没有填充缝隙和打磨，在侧面观察时显得粗糙。成品质量将直接影响最终的视觉表现。同时，还要利用材料本身的视觉属性，如木质带给人温暖自然的感受，有机玻璃和金属带给人的现代质感，玻璃材料特有的透光性，石材的力量感，运用材料之间的相互对比，带给受众耳目一新的感受。今天，3D打印技术等新工艺、新材料层出不穷，设计师可以大胆尝试新的方法和手段，使导视系统更加充满艺术魅力。

随着人们对公共事务的关注，以及对公共空间审美的不断提高，导视系统设计的重要性也在不断地提升。设计师如何在导视系统设计的表达上以更加宽泛的视角，将材料之美、工艺之美、图案之美与功能化使用的便捷性有机地结合在一起打造出更新的设计韵味，是当下导视系统设计发展的潮流。

CHINESE ELEMENTS

境象 × 视像　　　　　IMAGE × VISION

第十一章 / 演示文稿中的视觉要素

THE VISUAL ELEMENTS IN PRESENTATION DESIGN

演示文稿 / 设计 / 视觉要素

PRESENTATION / DESIGN / VISUAL ELEMENTS

演示文稿是今天自媒体时代下重要的交互媒介之一,无论公司或是个人、产品或是品牌都无法绕开这一推广形式。在万众创业、大众创新的当下,它改变了对外宣传的传统模式和定义。新技术和新观点重新塑造了演示文稿的设计法则,时代赋予了它全新的功能和价值。本文从演示文稿的设计思路和设计表现上对比传统视觉表现,并寻求二者之间的差异性,尝试推演演示文稿设计的原点和设计要素。

演示文稿在设计范畴上属于视觉传达设计领域，它集合了广告学、符号学、图像学、色彩学、演讲学等多种学科。演示文稿既可以表现庄重严肃的报告，又可以应用于商业项目的推广宣传。设计师在用美学驾驭设计的同时，还要关注演示文稿对时间、地点等要素的敏感性。优秀的演示文稿设计不仅仅是一次视觉上的饕餮体验，更是唤醒观众心灵之旅的行动源泉。

演示文稿的视觉逻辑架构

一个优秀的演示文稿应能配合演讲者吸引听众，引导读者接受观点或引发其对理念的思考。演示文稿的设计要能够对论点、论据有充分的逻辑支撑，并建立令人信服的思维框架。演示架构就像有生命会呼吸，能从头到尾推动构想的前进。设计师在这个架构下利用图片、动画、视频、文字等视觉要素将信息内容组合成一个动人的故事，借助事实、数据、激情的演讲，传达思想，描述项目内容。因此，优秀的演示文稿要建立起正确的逻辑架构。清晰的架构应该是一个真实的故事。所谓故事应该包括何时、何地、何人、何事、怎么办这几个关键内容。在设计规划时若能明确这几个关键要素之间的递进关系，演示文稿就会有一个清晰的故事架构，就会让复杂的问题变得平易近人。我们可以用事实报告、新的见解或观点、建议采用的方法和行动，启发新的观点来对应内容架构。在平面视觉的表达上，基本采用总、分、总的视觉递进方式。这有点近似书籍设计的视觉框架概念。首先，演示篇首吸引人的注意力，激发观众的兴趣。其次，提出问题思考的章节，引用数据和索引。再次，展示我们美好的愿景以及解决问题的态度。另外，通过分析的结论和针对性的解决策略对未来进行取舍。最后，是对项目的附加说明。这种架构可以使听众在获得演讲者提供资讯的同时得到更多的知识和能力的提升。除以上逻辑构架，设计师在设计过程中应充分考虑受众的基本知识层次，明确什么样的信息才能吸引听众的注意力，引发听众真正的共鸣。

正确的字体选择

文字不仅包含了数据结论、论述的要点重点，还体现了整体的设计风格。演示文稿的字体选择应掌握以下几个原则。第一，字体种类不能过多，大致不能超过三种。由于演示文稿采用一种动态的前进方式，过多的字体会分散听众的注意力，容易在视觉上造成联系的中断，不利于听众记忆并引发视觉疲劳。第二，尽量避免难以识别的字体。过细或者过粗的字体、过于艺术化的字体在视觉识别上都存在一定障碍，影响对信息的价值判断。书法字体或设计字体都不应出现在对数据的描述上，正文文字体应去掉衬线。第三，字体的大小要保证功能上的正确划分。过大字号会使空间版面显得异常局促，过小字号又不能很好地让观众完成记录。所以，合理地利用信息的等级差别，将信息进行重点划分，文字做到大小结合，粗细变化合理，才会简约而不简单。第四，字体是演示文稿个性风格的重要视觉要素。个性化追求是吸引年轻听众的重要手段之一，字体作为整个文稿的视觉核心当然要在这一要素上体现这一追求。例如，在演示文稿封面架构、章节页架构的表现上就需要个性化的字体提示。它既可以作为视觉上吸引力的焦点，又可以作为整个演示文稿前后视觉停顿的节奏。在这里字体是作为符号化的图形存在而非简单的信息传达。第五，中英文之间的搭配关系。中文和英文如果同时出现，二者在图形物化上应具有视觉上的关联性，或者说是图形上的共同性。衬线体要搭配宋体、楷体，反之亦然；设计类字体要搭配个性化的英文字母，这样可以很好地塑造视觉上的整体性和关联性，丰富而不凌乱，有序而自然。

利用框架设定合理版式

演示文稿基本上都是基于网格排版的方式处理排版的。网格排版对于信息处理方便快捷，合理有序。网格排版应注意以下几点。第一，合理地分割版面。任何一个版面其实都是由几条看不见的辅助线支撑起来的，特别是演示文稿这样强调单页展示效果的版面。大部分信息要按照几条看不见的辅助线排列。例如，两条轴对称的中轴线，两条对角线，四周顶点连接起来建立的框架线。这四条线、九个点控制了版面的绝大部分位置。设计师利用这个框架将标题安排在顶点位置，正文沿中轴线或对角线安排；利用顶点连线分割图片，可以轻松地分割出四分之一、二分之一的视觉比例关系。第二，版面上的呼吸。演示文稿特别容易出现的一个错误就是罗列大段的文字在版面上，密密麻麻难以呼吸。听众是没有时间和耐心去观察那些文字内容的。正确的方法应该是用标题处理，用数据体现，用要点提示，具体内容部分则由演讲者本人来完成讲解。另外还要注意留白，留出空间使版面有空气可以流动的地方，版面才会显得气韵生动；留出空间让听众去体会，去观察，去联想，将注意力更多地转移到演讲者本人身上。第三，前后版面的一致性。版面在设计上应有相关联的视觉要素。除此之外，更重要的是掌握版面的呼吸节奏、松紧的韵律关系、前页和后页的关系、本页和上页的关系，不可保持一种模式一通到底。我们可以利用图片的出血线和褪底图片的复杂外轮廓来形成形状上和大小上的变化，并形成丰富多彩的排列组合。控制性的节奏变化使视觉上产生类似音乐的抑扬顿挫。第四，对齐的重要性。对齐是不同页面下，相同内容采用同一高度、同一纵列的文字段落和图片的对齐关系。当网格将版面划分完毕后，上页内容会在听众的视网膜上留下视觉残影，如果下页内容和上页视觉残影位置重合会降低人的眼睛疲劳程度。视觉压力的降低会改善听众的心情，促使其更好地接受演讲者的理念、观点。

色彩搭配的合理性

　　设计演示文稿而没有前往演讲场地实际考察，是一个非常容易被忽视的细节。如果把演讲看成一场秀或者一场行为艺术的表演又会如何呢？显然场地本身就是这场活动重要的设计要素。一个优秀的设计师首先应赴现场观察灯光照明下周围色彩对演示的影响。如果照明条件较好，演示文稿的背景色或图案可采用深色的色彩。明度较低的色相背景可以有效地削弱强光对画面信息的干扰，使文字更加容易地被读取；照明光线不足，要采用中等明度的色相背景。如果采用低明度的色相背景则由于光线过暗，信息内容不易被读取。所以采用何种明度的背景色是由演讲场地决定的。另外，大型场地演示背景也应采用深色的背景色，因为这样可以突出演讲者本人，而且显得更加正式庄重。小型的会议室演示文稿多采用明度较高的背景色，因为投影是主要的光源照明，浅色可以弥补光线不足带来的人眼不适感。

色相在选择上应注意演示文稿的专业要求，避免采用高纯度的色相作为背景色。低纯度的中间色更加适合演示文稿的色彩关系。由于演示文稿大量采用反白的设计处理，高纯度的色彩背景会产生一种强对比色彩关系。例如，红色背景上面反白会比暗红色背景上的反白更加刺激眼球，连续使用会让人产生烦躁的情绪。演示文稿的色彩纯度应以中间色为基调，这样快速地变换内容也不会使人产生不快的感觉，并且更能突出演讲者本人对项目的阐述。色彩搭配的种类上也应该遵循减法原则，尽可能地减少色彩的数量，多采用同类色或明度的变化。如果使用补色关系，也可以采用弱的补色关系，使用间色互补的方法。再者，在色彩的心理属性上应考虑情感对听众的影响。几乎所有的 IT 类发布会采用的都是黑色或深灰色，政府机构多采用深蓝色，TED 演讲则有很多暖色调。所以，具体的内容和听众潜意识下的色彩体系是完成演示文稿设计的重要因素。

信息图表的合理使用

数据统计是演示文稿设计不可缺少的重要内容，也是最能说服听众的理论支撑。数据统计分析的结果要能够直观地表达统计趋势和分析的结论。不能简单地将大量数字罗列在版面上，我们需要的是听众从我们展示的内容上理解我们的理念，因此，结果比调查分析还要重要。演示文稿在呈现数据时首先应多采用各类型的图表。例如，我们可以快速地将销售的变化从图表上读取出来，这种表达方式客观而且说服力更强，听众更容易理解。除此之外，我们还应注意，为增强图表的可信程度，可以采用真实的图片来表现。真实图片加数据的表现形式优于普通的图形加数据，尽管这个图片可能已经完成了后期的处理，但是，大多数人依然会愿意接受这种图片。真实的图片会触发听众内心深处的渴望，漂亮的照片可以摆脱日常的单调，吸引听众的注意力，并将他们带进一个丰富多彩的世界。数据图表也可以采用典型图片做表格的水印背景。数据表格中的行和列的内容，看过之后很容易被遗忘，这是大量数字排列的结果。我们可以在数据之后的背景上增加生动有趣的图片，使数据图表和内容对照起来，让平淡的数据变得有趣而吸引人。还有一点要强调的是，数据排列要注意分层。表格在正常情况下应通过色彩变化创建视觉层次。一般我们采用浅、中、深三种颜色进行分层，深色往往应用在表格的顶部，描述项目种类；浅色和中色间隔排列区分内容的行和列。间隔排列两种色彩使数据阅读过程中上下不易相互干扰，同时可以产生阅读的纵列感，数据读取更加清晰有力。表格中的文字也要创造层次感，粗细变化和颜色深浅变化可以使数字和单位区别开。标题文字略重，数据文字略浅，两者的字体要保持一致性，色彩要保持相似性。纵列的区隔可以使用细小的短线分割不同数据之间的内容。

生动有趣的创意图片

创意性的图片在设计上胜过千言万语。演示文稿中纯粹的数据价值必须和生活中的现实情况联系起来才会变得有意义。真实的生活场景是演示文稿最好的故事体现，一个真实的故事可以打动真正的听众，我们需要具有创意性的图片帮助。创意性图片、主题图片、故事性图片都是表现内容的有力工具。比如说规章制度的演示，你很难用数据去表现这种抽象的主题。在表达方式上，我们可以尝试用具有象征意义的有趣图片来表示。带有"比喻"意义的图片将演讲的内容结合起来，细节上通过语言描述，听众会将你讲的语言和图片联系起来。而沉闷的设计则只是在屏幕上加上阴影的文字，显得既压抑又无趣，没有丝毫的沟通价值。创意图片令人眼睛一亮，打破熟悉的认知，引导观众去思考。由此，无论主题是什么，都要学会用图片发掘美感。互联网为我们提供了大量的信息内容。需注意的是，背景应尽可能保持色彩单纯，主要视觉元素多集中于单边，这样留有空挡方便安排数据。如果数据内容较多，就采用增加页面的方法，保持一个页面只说明一个数据内容。

动态效果的合理分布

　　首先我们应关注一个演示文稿中的视频数量。不论演示文稿是如何的精彩，它都不能取代演讲的人，演讲者是整个简报的核心，演示文稿只是整个演示的配角。过多的动态效果会让观众忽视演讲的内容，妨碍演讲理念的有效传达。从设计上讲，演示文稿应该是朴素的、真实的、简洁明确的，就像对自己好朋友讲故事一样娓娓道来，不是刻意的。因此，视频要和演讲结合在一起，数量不宜过多。视频在制作中应注意演示者或产品应占据画面中间位置，这样人的眼睛或产品始终会面对观众，可以和观众产生面对面的直接交流感，自然而然地将焦点集中于产品或概念上来。如果最终演示文稿还要分享到其他平台上，就需要对插入的视频页面进行版式的调整。视频文件要拥有跳转的功能，在新的页面上视频不应继续占据画面的中心；可以左右沿中线并置，并在画面上增加功能性文字的描述和介绍。超链接的设定把每项功能都连接到不同的页面上。介绍文字的字号不宜过大，排列应该紧密，和视频窗口形成大小对比的视觉关系。部分软件自带的飞入飞出的动画效果也不应出现太多，从演示节奏上看它们更多的是使用在不同章节或功能转化的时间节点上，在节奏上可以保持某种程度上的停顿，为下一个概念的提出做好心理准备。

"让人了解"是演示文稿的目标，无论你向别人推销你的概念、产品或任何项目，你必须首先要让人知道你在说什么，在做什么。好的演示文稿能够让听众感受到内心的呼唤。设计风格应采用恰当的形式，无论是扁平化还是拟人化，极简还是炫酷，都只是项目表达的手段而已。从一开始我们就应该清楚演示文稿是要把听众带到他们心中遥远的地方。

This is a kind about origami font, I put fun into the design with my childhood game, every letter in performance for three dimensional sense of space, I hope this font will bring joy to you.

Design by Shuaihua Jin

第十二章 / 5G 前景下的移动端字体应用

APPLICATION TREND OF SCREEN DISPLAY FONT DESIGN IN 5G FOREGROUND

显屏字体 / 多元化 / 动态图形 / 互动

SCREEN FONT / DIVERSIFICATION / MOTION GRAPHIC / INTERACTIVE

探索在5G时代前景下，信息高速传达中移动终端的字体设计应用的发展趋势。文字不单纯是信息的载体，亦是重要的传播媒介。新技术和新的生活方式赋予了字体更多的艺术形态和应用方向。从新的传播方式的角度寻求移动终端字体设计的创意思维、设计应用、艺术造型规范。移动终端的字体设计在随着时代的前进发生着潜移默化的改变，其艺术风格和设计应用也越来越向着动态化、多元化、立体化的方向前进，未来这一时代趋势将更加明显。

随着技术的进步，高速互联网时代来临，2019年我们将正式进入5G元年。海量的数据信息正在改变着我们的生活。科技推动了社会的发展，我们获取信息的渠道和方式也不可避免地发生着改变。未来，信息流动的形式和内容将由静态图片转向动态视频，由二维平面艺术转向多维度空间艺术，由单一视觉媒介转向声、光、电复合艺术媒体。设计作为一门交叉学科的应用艺术，也逐渐脱离传统的受众—消费、设计—生产的二元化模式，开始转变为打通信息碎片化的链条、提高效率的重要手段。文字作为构建信息的重要组成部分是实现信息价值最大化的视觉艺术符号之一，也是信息传播过程中最具价值的信息数据之一。

信息媒介决定显屏字体设计风格

小尺寸阅读的时代

在信息时代的背景下，纷繁的屏幕成为信息阅读的主要介质。我国手机普及率高达90%，有接近10亿的手机保有量，智能手机开始进入6—7寸屏幕时代。尽管智能手机采用了全面屏技术，但受携带的要求和技术限制很难进一步扩大屏幕尺寸。2019年折叠屏幕手机的出现，在一定程度上缓解了物理屏幕偏小的困难。就个人电脑采购来看，笔记本电脑成为个人电脑的首选，11—13寸大小的笔记本电脑最为畅销。这些意味着大众是通过这些尺寸较小的电子屏幕来获得信息的。电子阅读已成为绝大多数人群获取信息的主要形式，如果要取得屏幕阅读下的舒适性，就必须对文字进行有针对性的研究。所以，显屏字体的重要性是毋庸置疑的。显屏字体设计必须将小尺寸阅读的要求作为重要的设计因素考虑。小屏幕上字号必然不能过大，否则会减少单屏的文字信息数量。因此，显屏字体必须是一种更加容易识别的字体，同时还要符合未来信息时代的审美情趣。

扁平化艺术风格符合未来显屏字体的需求

  高速互联网的 5G 时代，数据给人带来信息便利的同时，也必然带来信息分拣的烦恼。扁平化以简约高效的视觉风格、明快的色彩，符合快节奏的生活模式。无衬线字体代表了扁平化的艺术特点，干净、有序、清晰，符合屏幕显示信息的客观要求，也逐渐影响到了未来字体的设计趋势。2018 年世界著名的诺贝尔奖标准字体由衬线字体改为无衬线字体 Altred Sans，设计灵感来源于 1902 年的新艺术运动风格。巴尔曼、博柏利等奢侈品牌也将其品牌字体改为非衬线字体，这是世界范围内信息传播方式网络化、显屏化的必然反应。作为中文电子阅读的承载者，黑体以其简约、方正、易识别的个性成为显屏字体的主要字体形式。2018 年华康字体公司针对显屏字体推出未来三款不同的黑体系列：华康金刚黑、华康青花黑、华康 UD 黑。这三款黑体专注小屏幕，针对文字排列密集、易疲劳、难以识别的特点，将字体的架构重新梳理，扩大字体的视觉层次。首先，扩大字体内白。例如，并没有按照正常的字体笔画保持粗细一致，而是将包围结构中内部笔画刻意减细，这一结果带来了笔画内外粗细的不同。视觉上字腔却变得开阔了，即内白的面积增大，文字在缩小时笔画不会粘连。其次，改变了转角的弧度。显屏字体有一个重要的特点是图形点阵化，在界面显示中大字号的字体会因为弧度过大的笔画产生锯齿状边缘。华康青花黑笔画转角的弧度收小，加大了字体的稳定感，减少了文字显示出现锯齿的可能性。再者，强调文字的对称性。印刷字体中全包围结构的汉字四周留白的距离不同，字形偏瘦，字的重心偏高，视觉上秀丽挺拔。显屏字体四周留白一致，笔画靠边，字形略扁，视域开阔，有效地增加了辨识度。最后，笔画粗细均匀。与纸媒不发光介质不同，屏幕是发光体，存在强光和弱光现象。光线的变化也会影响文字的清晰程度。黑色背景反白，文字会呈现收缩现象，强光下过细的笔画也会因玻璃反射难以识别。华康 UD 黑避免笔画过粗或者过细，符合电子媒体的视觉需求。设计师通过笔画的细节展示扁平化的艺术特点，根据阅读环境提出解决方案，梳理字体视觉元素，将科学的严谨和人文关怀、时尚潮流结合，好的设计源于生活的感悟，2018 年金点设计年度最佳奖颁给了华康金刚黑字体就是例证。

显屏字体的艺术新趋势

随着屏幕分辨率的不断提高，现在手机的屏幕分辨率可以和传统印刷保持一致，甚至更高，这就为新的艺术表现形式提供了可能性。通过简化笔画设计，混合字体结构，增加了笔画之间的间隙，保证文字的辨识性，宋体字也可以出现在显屏文字的排版中，并符合扁平化的艺术特点。朱志伟先生在方正博雅宋字体创作时的灵感很好地解决了小字号宋体阅读时的问题。通过加大汉字的中宫使汉字扁平化，增加汉字的横向阅读的方向性，大幅增强宋体字号较小时阅读的舒适性。2018 年方正公司推出了第一代中文显屏宋体——方正悠宋，开创了宋体扁平化的艺术风格。方正悠宋的笔画端点处装饰角将传统的钝三角样式改成直角三角形，这样的设计可以更好地将斜线和像素点结合，保证在像素屏幕上依然有较好的显示效果。设计师仇寅在点和撇的笔画设计上采用去尖处理，将笔画点的头部尖改成平头，捺的笔画上也将尖角去掉，在折的笔画上采用圆头处理等等。这些改变使得方正悠宋能够以不同的字号清晰地显示在屏幕上。在字面的处理上，笔画之间的距离适当加大，避免文字缩小后，笔画在显示时粘连在一起，也同时考虑到了不同的字重处理。宋体和黑体同属于汉字的基础应用字体，具有天然的结构互通性，方正悠宋在字体结构上和方正悠黑采用了相同的字体框架。方正悠宋可以说是第一次对屏幕汉字的艺术风格进行了大胆尝试。随着数据传输速度的加快，相信未来会有更多的字体表现形式出现在屏幕上。

显屏字体应用的动态化表现

显屏字体的互动性

与传统媒介不同的是，新媒体存在运动维度和时间维度。这两种艺术维度构建了新的艺术情感因素和新的艺术表现张力。显屏文字也受到时间和运动轨迹的影响，呈现出独特的艺术个性。第一，显屏文字的时间边界。显屏文字在视觉上存在变量，当字幕随着影像改变内容的时候，文本与影像内容变化的时间线是吻合的。弹幕文字运动速度的快慢也是时间的反映。文字由小到大并静止的运动其实也是时间变化的闭环。第二，显屏文字的动态维度。当用户用手指触摸显示屏的时候，字体根据设定发生形态改变，或改变大小、颜色，或改变肌理、方向。显屏文字不再是一成不变的视觉元素，而是多变的设计内容。这种响应与用户发生相互作用，诱发用户产生触发式的视觉联想。动态给文字增加了视觉变量和新鲜感，拓展了交互艺术表现的视觉空间。

品牌文字应用的动态化表现

如果说 4G 是读图时代，那么 5G 一定是视频时代。"动起来"将是未来设计的重要趋势，视频、动态图形将成为视觉艺术的重要表现形式。品牌字体在推广时必然要考虑其动态设计效果。如 2018 深圳时装周的标志设计，字母 S 和 Z 分别代表模特的双臂，F 和 W 代表模特修长的双腿。整个 Logo 由字母组合而成，观众通过字母左右摆动的节奏联想到行走时模特婀娜多姿的身影，而非字母图像化的静态人物。动态表现是其最大的创意脑洞。该标志通过微信公众号等现代媒介广泛传播，黑色背景下不断摇晃的字体将深圳时装周特有的现代、时尚、前卫表现得一目了然。再如中国美术学院新建成的中国国际设计博物馆，以包豪斯为主体的现代设计作品为主要展示内容。博物馆标志以英文字体定义，设计师何见平教授在 Logo 形态上采用倒三角这种具有多变性的不稳定符号，从二维平面转化为三维立体的视觉错视，并在传播中采用无限循环的运动规律，每个单词在运动中改变透视方向，形成空间上的结构建构。标志创意来源于葡萄牙著名建筑师阿尔瓦罗·西扎所设计的三角形建筑形态。这些动态化的设计表明，未来品牌文字的动态化已不仅仅停留在理论层面，开始以设计实践的形式出现在我们的视野中。

移动端文字编排应用的动态化、空间化

简约的图形动起来可以提高信息转化率，让受众注意力在图形上停留更长时间，文字将变得越来越强大，因为文字信息符合目前追求快速信息量化的社会。去年耐克公司推出了新款 Air Jordan 球鞋制作的 MG（动态图形），整个画面的背景全部由 Future 字体的文字组成维度空间，人物位于三维的视觉力场中，色彩以极简的纯色为主，从开始到结束的视觉层级不多，但是极具波普艺术风格。潮流化的人物虽简单但不无聊，在文字编排上注意抽象的视觉效果，这种技术与艺术对接受到了众多消费者的喜爱，也在另一个层面反映了移动端广告文字在编排上的动态化。无衬线字体和几何图形制作的动态海报无论是简约风格还是抽象风格都可以很好地适应设计要求。2017年金点设计年度最佳设计奖"Motion Type Project"汉字动态专案在实践上证明汉字动态设计艺术表现力的强大。汉字的构架与西文不同，西文以逻辑为主，中文以图形为主。在设计表现上，西文字母成几何图形，汉字一字多意，结构方正，横竖交错。汉字的动态化设计不仅注意空间编排，还注重汉字造字时的创意维度。如该获奖作品中"伞"字的变化，以中国传统纸伞的榫卯结构为空间运动骨架，笔画按照物理结构旋转展开，为更好地解释中国象形文字的特点，将伞开合的形式通过文字动效表现出来。"水"字则表现了水的物理特征，笔画如水滴汇聚而成，整个动效犹如水渗效果，非常符合道家道法自然、润物无声的哲学理念。

高技术对移动端字体未来设计应用的影响

基于 AI 技术的字体设计研究

5G 带来生活节奏的加快，也对效率和内容提出了更高的要求。自阿里推出人工智能"鹿班"设计后，智能排版、智能设计海报、设计拓展、人工智能已正式登陆。双十一期间，鹿班制作超过四亿张互联网广告Banner，累计设计的网络海报超过十亿次，金山软件也推出了智能设计"极墨"系统，毫无疑问AI技术已经深入设计领域。加拿大蒙特利尔大学的MML移动媒介实验室开发了Fontstruct（字体设计）软件，运用人工智能技术，试图打造一套可以自主设计字体的软件，并取得了一定的实验成果。在其品牌Logo字体中实现了字体的自动生成。网格点状化的字母和生活图形的叠加，反映出现代城市的光电效果和生活的丰富多彩。目前，无论是方正公司还是汉仪、文鼎等专业字体公司都在使用自行开发的专业软件用于字体设计，个人设计师都在使用Adobe公司的AI软件。汉字以万字计的工作量和不同的字体结构使创作一套字体设计工作至少需要二年的时间。显屏字体基于数字式像素设计的图像模式，非常适合人工智能技术进入显屏字体设计领域，为显屏字体提供更加强大的技术支撑。这种结合艺术、设计、新媒体、文化理论、社会科学的多领域交叉将是下一个显屏字体设计的热点。

显屏字体的虚拟化应用表现

5G可以保障移动通信的稳定性和高速数据流的畅通，未来大数据的实时显示为AR演示提供了更多的展示舞台。如果说未来的设计一定是基于数据流量的视觉可视化，那么三维表达无疑是其重要的表现形式，最近大火的C4D软件是这一形式的直接反应。三维技术结合虚拟现实技术可以和大数据、云端技术连接，为物联网提供信息数据基础。通过三维软件建立数据模型库，并生成可扫描的数据，这样就可以通过AR技术为消费者提供全面详细的立体化的视觉感受。北京理工大学珠海学院和德国维尔茨堡大学斯坦贝斯研究中心合作的实践课程中，对中文在 AR、VR 中的显示技术进行了一系列大胆的设计实验。首先，在二维平面中设计以文字为主的 KV 海报。接着在三维软件 Unity 中对海报主图形中的笔画进行拆分并制作三维模型。然后，根据其文字含义制作笔画合成汉字的三维动画，再利用 Vuforia、Leap 软件与摄像头实现人机互动。当观众用手机等移动设备扫描二维海报时，可以在手机屏幕上直接看到注释汉字的视觉动画。无疑 AR 技术为设计的发展起到了积极作用。用数字媒体技术去呈现概念、呈现文字，是对显屏字体应用形式的创新变革。新时代下显屏字体应用一定是向多领域设计发展，跨学科的趋势非常明显，界面设计、会展设计都会有虚拟现实的应用形式。

随着新媒体技术重要标志——5G 时代的到来，信息设计的属性逐渐凸显，显屏字体设计的表现语言也日渐丰富，应用领域日渐宽广。文字作为一种重要的信息传播手段和媒介，或者作为一门技术美学，使得显屏字体不但包括了实践的应用，还包括了对观念和视野的多元化发展方向。

视觉材料的感觉记忆系统，视像的保持时间为几百毫秒，最长不会超过一秒。

《认知心理学》

后记 / EPILOGUE

一根线的执念

我的老师、书籍设计名家张志伟先生在评价我的设计时说："你比较喜欢用线来表达。"当时一种无意识的表达，今天却有很多感悟。曾经和一位工业设计的设计师一起讨论过线条的作用，他为产品造型的结构线而苦恼，常常跑到外面发泄过一阵后重新思考线条的走向和曲度。我深以为然，因为我设计时也常常如此，所以说设计师的心灵是相通的。对准确度的把握，对极致的追求是一件作品成功的基本要求。无论是从线还是点开始，持续的研究才能发现知识的奥秘，个人在专业面前永远都是渺小的。

这本书的内容是从2003年开始陆陆续续整理的，前前后后也大概有十多年的时间了。说十年磨一剑有些过了，中间也有过一段时间停了下来。有许多是我个人实践的案例和学生脑洞作品的总结。曾经因为太忙想放弃，最终还是无法放下，于是拿起笔继续写下心中的话。

视觉设计在中国设计专业的时间最长，应用领域也最广泛。今天，面对的变革也是最大的。艺术与科学的结合越来越紧密，代码也变成一种符号开始嵌入艺术的领域。就在这本书成稿的时候，中央美术学院正式设置了艺术与科学专业。谁又能否定它不是未来生活的一部分呢？当我习惯性地用铅笔在纸上表达思维的时候，新生代已经习惯了用手指在屏幕上划来划去。这又何尝不是一种进步？

我们无法用旧模式去要求这个世界一成不变，时代从来没有停下它的脚步。时间是单向的能量运动，不可逆转。每个人都随着时代的前进而发生变化，拒绝不如拥抱。在路上，是每位设计师的追求和人生态度。

真理是追求的目标，也是探索的过程。每个人的认知都是习惯和学习的积累，必然带有一定的局限性与主观色彩，但恰恰是人与人之间的不同造就了认知世界的迥异，丰富了知识的内容。多维度、多形态的感知造就了知识的大千世界。这本书的内容也由于个人的局限存在不足，还有需要完善的内容，以后会慢慢修正。最后，感谢每一位提供帮助的良师益友。谢谢！

2019 年，广东珠海

参考文献

第一章

[1] 王受之,世界现代设计史 [M],新世纪出版社,2001
[2] 王受之,世界平面设计史 [M],中国青年出版社,2002
[3] 谢卉,标志设计的后现代主义 [J],艺术与设计,2001,2: 48~50
[4] 金杭,论标志的意境设计 [J],包装与设计,2002,6: 73~74
[5] 朱锷,世界最新标志集·2[M],广西美术出版社,2000
[6] 王序,五角设计有限公司 [M],中国青年出版社,2000
[7] 吕中元、彭年生,中国标志创意 [M],湖北美术出版社,2002
[8] 吴国欣,标志设计 [M],上海人民美术出版社,2002
[9] 励忠发,CI 设计的春天 [M],国际文化出版公司,1995
[10] 王军,奥林匹克视觉形象的历史研究 [M],北京体育大学出版社,2004
[11] 赵长杰,奥林匹克进展——从雅典到雅典 [M],北京体育大学出版社,2004
[12] 杭间、何洁、靳埭强,岁寒三友:中国传统图形与现代视觉设计 [M],山东画报出版社,2005
[13] 陈青,企业形象设计之助手 [M],陕西人民美术出版社,2006
[14] Lisa Silver,标志创意设计经典 [M],中国青年出版社,2003
[15] 梁梅,信息时代的设计 [J],装饰,2001,1: 5~7
[16] (美) 鲁道夫·阿恩海姆,著,腾守尧、朱疆源,译,艺术与视知觉 [M],四川人民出版社,1998
[17] (法) 马克·第尼亚,编著,腾守尧,译,非物质社会 [M],四川人民出版社,1998
[18] 李砚祖,造物之美——产品设计的艺术与文化 [M],中国人民大学出版社,2000
[19] 李小红,浅谈传统图案在标志设计中的运用 [J],美术大观,2007,1: 90~91
[20] 陈达强,倡导人性化的包装设计 [J],中国包装,2007,4: 48~49

第二章

[1] 左佐,治字百方 [M],电子工业出版社,2016
[2] (美) 唐纳德·A·诺曼,著,何笑梅、欧秋杏,译,设计心理学 3: 情感化设计 [M],中信出版社,2015
[3] (美) 唐纳德·A·诺曼,著,小柯,译,设计心理学 4: 设计未来 [M],中信出版社,2015

[4] 王绍强、沈婷, 对话日本设计 [M], 广西美术出版社, 2015

[5]（挪威）拉斯·缪勒等, 编著, 李德庚, 译, 字体传奇——影响世界的 Helvetica [M], 重庆大学出版社, 2013

[6] 梁梅, 世界现代设计史 [M], 上海人民美术出版社, 2012

第三章

[1] 姚惠婷、吴卫, 日本平面设计大师高桥善丸字体设计作品探析 [J], 艺海 2017, 2: 75~78

[2] 朱良志, 中国美学十五讲 [M], 北京大学出版社, 2006

[3] 朱颖芳、杜军, 浅谈当代设计语境下的汉字新特征 [J], 艺术与设计（理论）, 2018, 4: 47~49

[4] 曹方, 文字艺术设计 [M], 高等教育出版社, 2009

[5] 王静艳、高腾, 布白匀称——汉字设计布白调整方法研究 [J], 南京艺术学院学报（美术与设计）, 2018, 1: 178~182

[6] 赵希岗、王迪, 以文化本源为基础探究现代汉字设计的精神情感 [J], 艺术与设计（理论）, 2018, 4: 50~52

第四章

[1]（日）杉浦康平, 著, 李建华、杨晶, 译, 造型的诞生 [M], 中国青年出版社, 1999

[2] 靳埭强, 中国平面设计①封面设计 [M], 上海文艺出版社, 1999

[3] 余秉楠, 书籍设计 [M], 湖北美术出版社, 2001

[4] 吕敬人, 书艺问道 [M], 中国青年出版社, 2009

[5] 中国出版协会装帧艺术工作委员会, 书籍设计第 15 辑 [M], 中国青年出版社, 2015

[6] 中国出版协会装帧艺术工作委员会, 书籍设计第 16 辑 [M], 中国青年出版社, 2015

第五章

[1] 廖洁连, 中国字体设计人：一字一生 [M], 华中科技大学出版社, 2012

[2]（美）吉姆斯·菲利奇, 著, 胡心怡、朱琪颖, 译, 字体设计应用技术完全教程 [M], 上海人民美术出版社, 2006

[3]（挪威）拉斯·缪勒等, 编著, 李德庚, 译, 字体传奇——影响世界的 Helvetica[M], 重庆大学出版社, 2013

第六章

[1] 吕琳，从"祈福观"视角看台湾文化创意产品的设计与开发 [J]，包装工程，2013，24：9~13
[2] 唐刚、卜俊、韩贺玲，从符号学视角探讨文化创意产品设计的自洽 [J]，轻工科技，2017，12：114~115，119
[3] 国祺，符号学视阈下的沈阳故宫文化创意产品设计研究 [D]，沈阳航空航天大学硕士论文，2017
[4] 李杰，文创产品的设计元素提炼与创新 [D]，南昌大学硕士论文，2017，5
[5] 高秦艳，论文化创意产品包装中的创意元素 [J]，包装工程 2012，12：107~111
[6] 张飞燕，"互联网+"背景下的博物馆文创产品发展 [J]，遗产与保护研究，2016，2：22~26

第七章

[1] 顾欣，拉丁字母与罗马文字 [J]，装饰，2013，8：23~25
[2] 王楠，汉字与拉丁字母书写网格的比较研究 [J]，贵州大学学报，2006，2：57~59，64
[3] 李云、王小荣、周志，基于书写，融通中西——余秉楠先生访谈 [J]，装饰，2013，5：19~22
[4] 戴光华，浅析中西印刷字体的美学特征 [J]，美术观察，2008，6：108
[5]（德）克里斯朵夫·施塔勒，西汉字东字母 [D]，中央美术学院博士论文，2010
[6] 刘兴华，英文字母衬线与汉字字角的比较分析 [J]，装饰，2007，12：82~83
[7] 姚文凭，中英文字体匹配初探 [D]，湖南师范大学硕士论文，2011，5
[8] 刘洋西，中英文字体的比较研究 [J]，艺术与设计（理论），2009，10：74~76
[9] 周佳楠，中西字体设计风格比较研究 [D]，华东师范大学硕士论文，2009，5
[10] 白雪，中西方文字图形化在招贴设计中的混搭研究 [D]，北京交通大学硕士论文，2014，3

第八章

[1]（美）罗纳凯莉、（美）埃利科特著，刘鹏、庄葳译，包装设计法则 [M]，江苏美术出版社，2011
[2] 金旭东、欧阳慧、谢丽等，包装设计 [M]，中国青年出版社，2012
[3]（英）加文·安布罗斯、（英）保罗·哈里斯，创造品牌的包装设计 [M]，中国青年出版社，2012
[4] Viction:ary 公司著，孙可译，简约包装设计 [M]，浙江人民美术出版社，2012
[5]（美）卢克·赫里奥特，著，鹃鑫、张平、孟艳梅，译，包装设计圣经 [M]，电子工业出版社，2012

第九章

[1] 舒湘鄂，编排设计 [M]，华东大学出版社，2006

[2] 许楠、魏坤，版式设计 [M]，中国青年出版社，2009

[3]（日）佐佐木刚士，著，武湛，译，版式设计原理 [M]，中国青年出版社，2007

[4]eye4u 视觉设计工作室，进阶理解版式设计 [M]，中国青年出版社，2009

第十章

[1]（日）田中直人、岩田三千子，著，王宝刚、郭晓明，译，标识环境通用设计 [M]，中国建筑出版社，2004

[2]（德）菲利普·莫伊泽、达妮埃拉·波加德，著，姜峰、曹淼，译，导视空间：建筑与交流设计 [M]，辽宁科学技术出版社，2005

[3] 解勇、胡藻，导向设计 [M]，辽宁美术出版社，2002

[4] 戴志中、蒋珂、卢昕，光与建筑 [M]，山东科学技术出版社，2004

[5]（日）原研哉，著，朱锷，译，设计中的设计 [M]，山东人民出版社，2006

[6]（德）安德烈亚斯·于贝勒，著，高毅，译，导向系统设计 [M]，中国青年出版社，2008

第十一章

[1] 杨臻，PPT，要你好看 [M]，电子工业出版社，2015

[2] 王国胜、钟菁琳、李洁，PowerPoint 完美创意设计 2[M]，中国青年出版社，2012

[3]（韩）全尚梧、金甫圣、尹美子，编著，孙迅，译，表达的艺术——PPT 商用实战攻略 [M]，人民邮电出版社，2013

[4] 杨雪，听故事，学 PPT 设计 [M]，电子工业出版社，2014

[5] 邵云蛟，PPT 设计思维：教你又好又快搞定幻灯片 [M]，电子工业出版社，2016

[6] 曹将，PPT 炼成记：高效能 PPT 达人的 10 堂必修课 [M]，中国青年出版社，2014

第十二章

[1] 廖宏勇，信息设计 [M]，北京大学出版社，2017

[2] 杨林青，中文字体应用手册 1[M]，广西师范大学出版社，2017

[3] 梁梅，设计美学 [M]，北京大学出版社，2016

[4] 王炳懿，动态文字的艺术表达性 [D]，鲁迅美术学院硕士论文，2018

[5] 田嗣慧、王颖，基于数字媒介的字体形态创新研究 [J]，美术教育研究，2018，16：62~63

[6] 盛菲菲，从设计要素到动态文字的生成 [J]，艺术教育，2015，1：220~221

图片索引

第二章
[1] 作者：胡瑞锋

第三章
[1]，[2]，[3]，[4] 作者：金帅华

第四章
[1]，[2] 作者：金帅华

第五章
[1]，[2] 作者：金帅华

第七章
[1] 作者：金帅华

第八章
[1]，[2] 作者：颜晓晴，刘凡瑜

第十章
[1]—[4]，作者：金帅华，拍摄于北京理工大学珠海学院，2016

章节页海报、插图
作者：金帅华

THINK × DESIGN

IMAGE × VISION